地中海慢。旅人

走入葡、西、義、法與摩納哥，
品味千年交織的古老風情與迷人海岸

克萊妮（Kliney）——著

作者序

我和許多人一樣，對歐洲有著一種抗拒不了的浪漫情感，第一本書寫的也正是歐洲。時光飛逝，一轉眼就過了八年，我從當初剛踏上歐洲面對扒手時的小心翼翼，到現在老神在在的處變不驚，即使已能得心應手各種複雜狀況，但歐洲對我而言仍然存有巨大的吸引力！

此次我從熱情奔放的義大利開始遊走，著迷於時尚之都米蘭的流行文化，驚艷於五漁村的絕世美景；途經美麗而危險的南法，在馬賽的伊芙堡感受天地孤寂的遼闊；穿越庇里牛斯山來到了瑰麗多變的西班牙，在巴塞隆納讚嘆高地的天馬行空，深深沉醉在佛朗明哥舞曲裡的塞維亞；最後來到了葡萄牙，走訪時光淬鍊下的里斯本，在波多酒的原鄉流連忘返～

我慢慢走，細細品味，歐洲雖是一塊相連的大陸，但各國的歷史、語言、文化皆不相同，即便相鄰的城市，風俗習慣也可能相差十萬八千里。

這次來到歐洲，我帶著完全開放的心，用力的體驗每座城市不同的面貌、特色美食以及建築，並用不同於第一本書描寫的方式，在更細節之處加入屬於自己獨有的感受。

很多人問我：去過那麼多的歐洲國家，你最喜歡哪裡？

其實這個問題很難回答，對我而言，每個國家都有其獨特魅力與風格所在，比如法國，我喜歡法式美食與蔚藍海岸的悠閒情懷；比如捷克，小眾城市像一顆璀璨的明珠讓人想深入探索；比如瑞士，大山大景的湖光山色令人驚艷讚嘆！

但若非得選出一個，我想我會把這票投給葡萄牙！

這一個古老的帝國藏有數不盡的故事，如大航海時代與殖民地間的愛恨情仇；如波多酒和美味蛋塔的祕密，再加上葡萄牙的消費與其他國家相比之下更為親民等原因，讓它在我心裡留下更為深刻的印象。

這本書推薦給還沒去過或已去過歐洲的你，當你在品嘗本書的同時，能夠感受到南歐的熱情奔放，能夠回味旅途中曾經的美好。

敬 每一個在路上的我們

目次

chapter

01

Italy

義大利

墜入運河的溫柔懷抱

——訪米蘭

米蘭大教堂

米蘭大教堂與迴廊的雙城記

坐在玻璃窗前，午後的陽光明媚可人，鴿群搖擺著短小肥胖的身軀一路啄食著觀光客落下的食物碎屑，人潮依舊洶湧的廣場上覆蓋著響亮的歡聲和笑顏，我在教堂正對面的咖啡廳裡以一種久別重逢的感動望著米蘭大教堂。

米蘭大教堂（Duomo di Milano）始建於一三八六年，到一九六五年最後一扇銅門就位後才算正式完工，歷經了將近六個世紀，建築融合了巴洛克式和哥德式的風格，是文藝復興時期的代表。

哥德式風格的特色即是有著眾多的雕刻及尖塔，以白色大理石建成的大教堂共計有一百三十五座大小不一的尖塔，而每座塔

艾曼紐二世迴廊

上都刻有一尊雕像。

據統計，整座教堂的雕像約有六千多座，是世界上最多雕像的教堂！

往頂端看去，一尊鍍金的聖母瑪麗亞像就在教堂正中央，鮮豔奪目的色彩點綴著皓藍的天空。做為米蘭的地標，大教堂不僅莊嚴隆重，也是藝術與宗教結合的傑作，在歷經百年的風雨滄桑之後，以溫柔但堅定的力量成為眾人心靈的寄託。

我緩步品嘗著艾曼紐二世迴廊（Galleria Vittorio Emanuele II）的一景一物，這座緊鄰著大教堂的迴廊是一個有著玻璃拱頂的購物大街，得名於義大利統一後的第一位國王——維托里奧艾曼紐二世（Vittorio Emanuele II）。

迴廊最初於一八六一年設計，後

傳說在公牛的重要部位上轉三圈就能獲得好運

由義大利的建築師——朱塞佩門哥尼（Giuseppe Mengoni）所修建，以倫敦的柏靈頓拱廊街（Burlington Arcade）為原型，共有兩條長廊呈現十字型的交叉，而交叉口是一處八角形的空間。

微光從迴廊頂部玻璃與鐵鑄的屋頂均勻灑落，精緻的浮雕與壁畫栩栩如生；內部的步道由大理石磁磚鋪設而成，代表著義大利各城市的圖案如羅馬的母狼、都靈的公牛、佛羅倫斯的百合等隨處可見，自一八七七年開幕以來就一直是米蘭時尚的匯集地。

我在迴廊內逛著，兩旁都是高級精品商鋪與餐廳，這一座時尚之城正以高傲的姿態販賣著快樂的偏方。

星巴克裡的米蘭故事

米蘭位於義大利北部，是倫巴底大區（Lombardia）的首府，曾短暫成為西羅馬帝國的首都，而拿破崙占領米蘭後也在一八〇五年時將此地當作義大利王國的首都。「米蘭」一語來自於凱爾特語的「Mid-lan」，意思為「平原中心」。

在斯爾福扎家族統治期間（House of Sforza，一四五〇年至一五〇〇年），米蘭更是文藝復興的重鎮，達文西及米開朗基羅都曾在米蘭定居創作，留下許多世界著名的作品。這一座國際化的都市不僅以建築、時尚和觀光聞名，更是歐洲的金融和商業重鎮。

義大利人愛喝咖啡，每天起床的第一件事便是為自己煮一杯咖啡。根據統計，他們一天大概可以喝上二十杯左右的Caffé（Espresso的同義詞），幾乎可以說是無時無刻都能來一杯！甚至有句名言是這樣說的：「在義大利觀光要小心兩件事：一是男人，二是咖啡」。

翻開咖啡的歷史發現，當時剛引進到歐洲的咖啡豆原本只在藥房出售給藥劑師作為提神、健胃等保健食品使用，因為價格高昂只有上流社會才消費得起，一直到十七世紀末才開始在義大利普及開來。自此之後，滿地開花的咖啡館就猶如台灣隨處可見的便利商店一樣，咖啡不僅是一種提神的飲料，更是一種生活態度。

美國連鎖咖啡的龍頭——星巴克（Starbucks）的前執行長——霍華舒茲（Howard Schultz）在

一九八三年因公造訪米蘭時，對當地的咖啡文化深深著迷，於是便發起將星巴克帶入義大利的想法。

但以義式咖啡自豪的義大利人根本瞧不起這種加了水的咖啡，因此星巴克剛進軍之時遭遇了很大的困難……

而後團隊捨棄了美國那套咖啡文化，重新定義星巴克在義大利的定位，拉近侍者與顧客的距離、打造陌生人共同的話題、讓咖啡館不只是咖啡館，同時也是社區情感聯繫的中心，終於在二〇一八年成功於米蘭開設第一家旗艦店！這是繼美國西雅圖和中國上海之後設立的第三家「臻選咖啡烘焙工坊」，屬於星巴克等級最高的門市種類。

而旗艦店就設在米蘭舊郵政總局，同時也是濃縮咖啡的誕生地，頗有向義大利咖啡致敬的意味！

米蘭旗艦店鄰近大教堂和科爾杜西奧廣場（Piazza Cordusio），大門上方的入口處還能見到郵政（POSTE）幾個大字。走進旗艦店內，三百六十度的開放式空間以及挑高的頂部讓視覺能夠無止盡的延伸，大型的烘豆設備就在眼前，讓顧客在品嘗咖啡的同時又能夠清楚看見烘豆的過程。

米蘭旗艦店的風格偏向工業風，簡潔俐落，在看似冰冷的設計中卻又有著出奇不意的溫度，例如拼貼地板和暖黃色的燈，在老建築內有著新時代的產物，既衝突又和諧。星巴克經典的美人魚標誌就顯眼的立在牆上。

關於商標的由來可能很多人都不知道這並不是原始的版本，最初是由西雅圖的設計師——泰瑞賀

星巴克的經典人魚標誌

克勒（Terry Heckler）所設計，商標的美人魚有著乳房和雙重魚尾巴，顏色為棕色。賀克勒是根據希臘神話中的雙尾美人魚——賽蓮（Siren，註1）的木雕發想出來的，他認為咖啡和美人魚一樣具有誘惑力。後來星巴克在一九八七年被每日咖啡合併後換了新商標，美人魚少了乳房和尾巴，顏色也變成代表每日咖啡的綠色。之後又經過幾次修改，我們今日所看到的商標可是結合了星巴克原始版本和每日咖啡的特色而成。

我捧著一杯經典的義式咖啡離開了鬧哄哄的旗艦店，慵懶的陽光正輕輕印在窗邊上，芬芳馥郁的香氣無聲無息地混合在空氣裡。

註1：賽蓮在希臘神話中是女海妖，會用歌聲引誘水手走向死亡。

米蘭旗艦店外觀

店鋪內一景

初夏的風還有點清冷，一對年邁的夫妻走過，她伸手將老伴的衣領拉得更緊一些，像是沒有對白的電影但濃情卻鎖住了整個城市。

你說你不相信愛情，只是因為你沒有親眼看見。

義大利經典美味的起源與魅力

來到義大利，當然也得來嚐嚐義大利麵，而說到義大利麵就不得不提它的歷史！關於義大利麵的起源有幾個傳聞，一是馬可波羅（Marco Polo）在十三世紀時從中國引入，另一種則是認為阿拉伯人征服西西里島後傳入。但這兩種傳聞皆未被證實，其中一個原因是早在十二世紀時的文獻當中就曾經提到關於長麵條的紀錄。

一直到十四、十五世紀時，食物保存的技術越來越成熟，人們將乾燥後的麵條帶至船上航向遠方，也讓義大利麵變得廣為人知。十九世紀末期甚至隨著義裔移民傳入美國變成當地的主食之一，現今我們所看到的義大利麵料理多半來自義式和美式餐廳。

義大利麵（Pasta）通常以杜蘭小麥（Durum）製成，以形狀又區分為直麵（spaghetti）、螺旋麵（fusilli）、通心粉（macaroni）以及寬麵條的千層麵（lasagna）等等。不同於一般印象中的做法，義大利人還會將它加進湯類料理或是烤箱烘烤。時至今日，從麵體、醬汁、作法等各有千

義式披薩和義大利麵

義式冰淇淋

秋，且料理方式簡單，頗受大眾歡迎。

吃完正餐也別忘了留點胃給義式冰淇淋（Gelato）！

在文藝復興時期，佛羅倫斯的麥地奇家族（Medici）為了招待西班牙國王而委託貝爾納多（Bernardo Buontalenti）來籌備宴席，當時這位大廚製作了一道以雞蛋、蜂蜜、鹽、糖混合的冰品，也被認為是義式冰淇淋的原型。而後，義式冰淇淋被帶入巴黎、美國，經過機器不斷地改良演變出現在我們品嘗到的綿密口感。

義式冰淇淋和美式冰淇淋（Ice Scream）主要的差別在於空氣比例的不同，美式冰淇淋的空氣膨脹率為百分之百，而義式冰淇淋只有百分之三十，因此在口感上就有很大的差別。另外，義式冰淇淋強調天然食材，不添加任何化學物質，同時提高水果含量，讓顧客在享受美味的同時又能兼顧健康。

在義大利仍然有許多小型冰店堅持以手工製作冰淇淋，這是一種對傳統與美味的追求與執著。

米蘭運河區

櫥窗裡各色冰淇淋顯露著令人垂涎欲滴的色澤，一旁還有幾十種配料如堅果、巧克力豆、水果、軟糖等可以自行搭配，每一種口味都是獨一無二的味覺體驗！

穿越時光的浪漫水道

遲暮的陽光在屋頂劃開一道陰影，黃白色的小花裹著一股清淡的芳香沿著河岸一路盛開；一架尾翼噴出白色雲朵的飛機徜徉在薄霧裡，隨著光影浮動的水草在綠色波紋裡招搖。

米蘭運河區（Naviglio Grande）是倫巴底大區的一個運河系統，興建的年份約可追溯至十二世紀，起先用於貨運傳輸、農業灌溉以及輸送軍火，也將北方的石塊通過此

米蘭運河區

運河運送到市中心興建米蘭大教堂。

十九世紀開始因為公路與鐵路的興建、輸送的速度緩慢等原因導致運河的重要性逐年下降，最後只作為灌溉的功能使用。近幾年經過整理和重新打造已成為米蘭新興的觀光地區，露天酒吧、餐廳、文青商店如雨後春筍般越來越多，每月一次的二手市集更是運河區的重頭戲，不少遊客甚至遠道前來挖寶！

伴著酒吧裡的音樂漫步在河道旁，感受著愜意、自在與舒適的氛圍，一條運河就能輕易地將熱鬧的米蘭分隔成涇渭分明的界線。我站在橋上俯視，連棟的建築物像吃了黃昏的暮色，夕陽下的運河倒映著城市繽紛的風景，此刻心中有一種說不出的歡愉與欣喜，好像突然發現了米蘭的另種面貌！

夕陽下的聖羅倫佐柱廊

西羅馬的遺韻

乘著夕陽柔媚的光遊走在陌生的街頭，遠離了人聲雜沓的大教堂周邊之後米蘭開始呈現不同的面貌。老城區裡的復古路面電車駛過幾個世紀前的城門，小巧的書報攤外飄散著報紙淡淡的油墨味，遛狗的人影子在夕陽下被拖得很長，而橘黃的光折射在兩邊房舍的窗上。隱身在此地的還有不少潮流店家、藝術商鋪及私人工作室，雖然屬於老城區但卻有著相當年輕的靈魂。

米蘭曾是西羅馬帝國的首都，雖然只有短短的一百一十六年，但整個城市還是能發現不少那個時代所留下的古蹟，更難得的是當地政府並沒有將它們隔離，也因此總是能夠近距離的欣賞那由歲月堆疊而成

聖羅倫佐教堂和廣場

的韻味，聖羅倫佐柱廊（Colonne di San Lorenzo）就是其中之一。

聖羅倫佐柱廊距離運河區不遠，屬於老城區的一部份，柱廊由十六根柯林斯柱組成，有傳說是三世紀時古羅馬時代的澡堂或神殿遺址，柱頭上的雕花還依然顯眼可見。

我們坐在石柱下方，燦爛的夕陽餘暉讓整座古城宛如披上了一層蟬翼般的金紗。廣場對面是建於西羅馬帝國期間，為了獻給基督教的殉道者——聖羅倫佐（San Lorenzo）的聖羅倫佐教堂（Basilica di San Lorenzo），君士坦丁大帝的銅像就在教堂正前方。

那座樸素的，小巧的城。

——里米尼

里米尼古城的深刻與優雅

說起里米尼（Rimini）亞洲人多半沒聽過，從地圖上來看，里米尼位於義大利的右手邊，亞得里亞海左岸，是里米尼省的首府，古稱阿里米努姆（Ariminum），由古羅馬人建立於西元前二五八年，在古羅馬時期有著相當重要的地位，是連接亞平寧半島（Apennines，義大利半島的舊稱）南北的樞紐。

文藝復興時期除了統治佛羅倫斯的麥地奇家族（Medici）外，里米尼也有另一個顯赫的貴族扶持，即是馬拉泰斯塔家族（Malatesta）。

馬拉泰斯塔家族從一二九五年開始佔領里米尼，一直到最後的統治者——潘多爾弗四世・馬拉泰斯塔（Pandolfo IV Malatesta）被逐出里米尼為止，約莫有兩百年的時間，城市裡除了古羅馬時期的遺跡外還有屬於他們的曾經。

長達十五公里的海岸線是里米尼最著名的景點，每年夏天吸引數以萬計的遊客到此享受海灘與陽光，算是義大利首屈一指的度假城市，可惜的是亞洲人對此著墨不多，若有停留也多半是跟我們一樣為了前往聖馬利諾（San Marino）而來的中繼站，直到我親身造訪此地才發現，里米尼是座極為悠閒的城市，它也是義大利最樸素的城鎮之一，很適合細細品味屬於義大利的南歐風情。

但相比起熱鬧的海濱，我更愛被歲月刻下深深印痕的古城。猶記得那時的古城正值烈日轉入溫

加富爾廣場一景

旬之際，清一色的建築和街道像一幀被柔焦後的照片，所有的一切都清清淡淡，樸實得像與世無爭。

古城與廣場的韻味

加富爾廣場（Cavour Square）是古城裡的一個小型廣場，舊時稱為市政廳廣場或噴泉廣場，中世紀時這裡是城市商業和政治生活的中心，周邊圍繞著加拉姆皮宮（Palazzo Garampi，市政廳所在地）、阿倫戈宮（Palazzo Arengo）、波德斯塔宮（Palazzo Podesta）和加利歌劇院（Galli Theatre）以及美術館，這些建築的年代從十三世紀橫跨至十九世紀。

古老的皮尼亞噴泉（Fontana

舊魚市場

della Pigna）由喬瓦尼・達・卡拉拉（Giovanni da Carrara）建於一五四三年，一直到一九一二年都是里米尼唯一的飲用水源；噴泉旁有一座教宗保羅五世（Paul V）的紀念碑，由里米尼市政府豎立。

我們抵達時正值週六，廣場搖身一變為一座露天的二手市集，富有年代的二手商品、古董、童玩琳瑯滿目，吸引不少淘寶家低頭尋寶。這一個小廣場雖然沒有繽紛富麗的色彩但低調無華的風格也自有其魅力！

不過真正吸引我的是一棟以義大利文刻寫著「Vecchia Pescheria」的建築，原來這是中世紀就存在的舊魚市場！

安蒂卡魚市場（Antica Pescheria）由里米尼的建築師——喬凡・弗朗切斯科

（Giovan Francesco Buonamici）建於一七四七年，外觀以三個圓形拱門當作入口，兩條筆直的走道可以一眼望穿到魚市場最內部，開放式的空間兩排整齊的柱廊一字排開，兩邊的石造檯面是放置漁獲的地方；市場裡的四個角落各有一座海豚雕像，而海豚嘴裡噴出的水則被商人用來清潔。

里米尼是一個沿海小鎮，自古以來，當地居民便以捕魚為生，安蒂卡魚市場落成之後成為了主要的交易市集，同時也展示了漁業活動對於里米尼經濟的重要性。

三百年過去了，魚市場的外觀幾乎沒有變化，我凝視彷彿凍結的空間裡，熱絡的交易情景頓時一一浮現，寫滿了生活的痕跡。

如今，有許多新興的藝術家會在這裡擺攤販賣手工藝品，同時也有不少年輕人在此聚會。魚市場雖然早已成為永恆的記憶，但依然憑藉著它原始的特色與優雅的外觀獨領風騷。

提比略橋的千年倒影

黃昏的光線溫暖遼遠，半邊天空全是朦朧的顏色，午後的小鎮溫柔優雅，與微風交織成一幅飄動的畫面。沿著令人陶醉的暮色慢慢品味著里米尼純淨的面容，一邊是光影閃耀的里米尼運河（Porto Canale di Rimini），一邊是簡單平凡的社區，薄暮的夕陽餘暉覆蓋著這城市的每個角落。

橫跨在運河前端的提比略橋（Ponte di Tiberio）是一座古羅馬時期的橋樑，又稱為奧古斯

黃昏下的提比略橋

里米尼運河兩邊的風景

都橋，得名於奧古斯都（Caesar Augustus）統治期間動工，提比略（Tiberius Julius Caesar Augustus）皇帝執政時完工。橋身以白色的伊特拉石（Istrian stone，註2）建造，共計有五個半圓形的橋孔，圓拱間的橋柱上有柱頂和山形牆飾。里米尼戰役（Battle of Rimini）期間因被認為沒有任何軍事上的意義而逃過敵軍的轟炸，成為戰役中唯一倖存下來的橋樑。

我們和當地人一樣躺在橋邊小公園的草地上，油亮的樹葉在半空中閃耀，披上彩衣的雲朵變得鮮紅，河面上有提比略橋婉約的倒影，彷彿帶著詩人筆下的餘香，穿過城市擾嚷的束縛在河邊寫下「疏影橫斜水清淺，暗香浮動月黃昏」。

兩千年的提比略橋是里米尼相當重要的古羅馬遺跡，至今仍是兩岸往來的交通路徑之一。淺淺的水波不興，盪起一陣又一陣的漣漪，如一個遙遠的，穿越千年的夢境。橋上半圓形的橋孔倒映著水面另一半的圓，正巧完整了彼此最美的一生。

堡壘的光影詩篇：西斯蒙多堡的過去與今天

西斯蒙多堡（Castel Sismondo）又名馬拉泰斯塔堡壘，由里米尼的領主——西斯蒙多・潘多

註2：為一種產自伊特拉（現為克羅埃西亞）的石灰石。

西斯蒙多堡

爾弗・馬拉泰斯塔（Sigismondo Pandolfo Malatesta）建於一四三七年，有不少建築師曾一同參與建造，其中還包含了聖母百花大教堂的設計師——菲利浦・布魯內萊斯基（Filippo Brunelleschi）。

西斯蒙多堡所在的位置當時屬於城外，為了尋找一處能夠居高臨下監看城內的地點甚至夷平了城市中的一大片區域，後來才選擇此地打造出一座結合軍事防禦與住宅的城堡，而城堡對面正是中世紀廣場（今天的加富爾廣場），一眼就能將重要的政府機關納入眼中！

城堡中每座方形的塔樓上都曾裝設著一門青銅大砲，厚實的城牆能夠承受新式火炮的攻擊；周圍則有護城河圍繞，並以吊橋連接著城堡內外。城堡的入口處有馬拉泰斯塔家族的家徽，內部則是馬拉泰斯塔家族成員的住所。

遠觀城堡發現它的外觀很特別，不規則且帶有稜角的形狀讓它感覺特別堅硬冰冷，巨大的塔樓以及陡壁從地面上拔地而起更是令人望而生畏！

這座堡壘是馬拉泰斯塔家族權力達到巔峰時期的代表，同時也象徵著強大的力量。但後來在教皇政府的統治下經歷了各種改造，拆除了外牆和塔樓。一八二一年時城堡被改為當地憲兵的營房，而原本有護城河圍繞，五年後則被填平不見蹤影。一九六〇年代，城堡曾做為監獄使用，現在內部則有費里尼博物館（Fellini Museum），紀念里米尼出生的著名電影導演——費德里科・費里尼（Federico Fellini）。

今日的西斯蒙多堡面積只有過去的三分之一，但現在卻是舉辦藝術和文化活動的場所。

我們沿著城堡外漫步，遊人稀少的落日時分四周安靜極了，彷彿一根針就能刺破這凝結的空氣。斜陽的光影穿梭在古老的城牆外，亭台樓閣像一幅輕描淡寫的畫作，渲染著滿城金黃的美麗。

城堡的過去已來不及參與，但我永遠記得在某個時空之下，我們曾擁有相同的記憶。

古羅馬遺跡到戰爭紀念：穿越里米尼的時空隧道

沿著奧古斯都大道（Corso d'Augusto）前進，這條以古羅馬大帝——奧古斯都命名的街道連接著加富爾廣場和崔馬特里廣場，兩旁盡是流行時尚的商家與餐館，是里米尼最現代化的街道。

奧古斯都大道

小巧的崔馬特里廣場（Piazza Tre Martiri）是里米尼的主廣場，這是古羅馬城鎮阿里米寧（Ariminium）的中心，位於兩條主街的交叉點，與古羅馬廣場相對應。廣場的歷史可追溯至西元前二六八年，當年凱薩大帝（Julius Caesar）渡過盧比孔河（Rubicon River）後曾在這裡短暫駐足，不遠處的雕像和紀念碑記載著千年以前的歷史事蹟。

幾個世紀以來崔馬特里廣場都是個平凡尋常的市集，市民在此集會、交易、賽馬、舞蹈和公共表演等。

廣場的東邊有一座醒目的鐘樓（Torre dell'Orologoi），由舊魚市場的設計師波納米奇（Buonamici）重建並於一九三三年修復，鐘面的日曆可追溯至一七五〇年，鐘樓下方則是戰爭紀念碑。特別的是鐘樓的正面有兩個錶盤，一個以青銅太陽表示時間，另一個則顯示著月亮和月份，月亮會隨

三烈士廣場

著轉動不斷地變大，褐色帶上刻有十二生肖圖案。

又名為三烈士廣場的崔馬特里廣場曾經歷多次改名，中世紀時被稱為厄布廣場（piazza delle erbe），聖安東尼教堂建成後改稱為聖安東尼奧廣場（Piazza Sant' Antonio）。

一九四四年八月十二日，在通往聖馬利諾公路旁的一輛收割機被人為縱火，這起事件被視為阻止納粹軍隊偷竊穀物的抵抗，燃起當時納粹軍隊的怒火，於是便下令進行搜捕，若抵抗者被抓住則立刻判處死刑……

兩天後，三名游擊隊員在提比略橋附近的舊軍營被抓，他們被運送至德國的集中營裡嚴刑拷打，希望能從他們口中招供出些許蛛絲馬跡，但這三名年輕人寧死不屈，不願供出同伴的姓名，最終被送至里米尼的主廣場處以絞刑。

八月十六日，納粹軍在這裡公開處決這三名游擊隊員，並將屍體懸掛在廣場上三天三夜以示警惕，而後才被埋葬在市政公墓裡，因此也叫「三烈士廣場」。

如今的廣場被視為抵抗和戰爭的象徵性場所，也是紀念民主與自由之地。

鐘樓旁邊一座八角形的建築即是聖安東尼教堂（Church of San Antonio），教堂始建於一五一八年，一六七二年地震後重建為巴洛克式。這座教堂供奉的是天主教聖人——帕多瓦的聖安東尼（Sant'Antonio di Padova）。傳說中聖安東尼在崔馬特里廣場公開佈道後向群眾分發聖體，一位市民經過此地因繼續趕路而未停下，但他騎乘的騾子卻匍匐在聖安東尼的面前不願移動，這個傳說被稱為「騾子的奇蹟」，而這座教堂便是為了紀念此神蹟而建。而關於聖安東尼的另一個傳說則是祂曾在里米尼對魚群傳教，令人驚訝的是魚群竟然從四面八方聚集而來，震驚不少旁觀的民眾！

我們坐在廣場正對面的咖啡館裡享受著愜意的時光，這座城以一種緩慢的節奏運行著，殘留的古羅馬人行道一角隱身在熱鬧大道裡，滴答滴答，用分秒規律的速度在不同的時空刻下回憶的軌跡。

夕陽下的里米尼顏色越來越濃，四周的景物像被鍍了一層金，抬頭遠望，天邊有淡淡的月影，和深紅色的雲靄絢爛成美麗晚霞的背景。

三烈士廣場的古羅馬地板、凱撒大帝雕像、鐘樓、紀念柱、聖安東尼神廟的神蹟都埋藏在泛黃卻清晰的記憶深處，像一杯清淡卻入口回甘的茶葉讓人回味。

我踩著一地茂密的樹影，走進里米尼綺麗的黃昏裡。

令人屏息的風景
——絕美五漁村

夏日五漁村之旅的序曲

清晨的微風迎面而來，帶著一股乾燥卻又清新的後勁，行道樹是一整排橘色的橙子，像還未熄燈的黃光照了一地暈黃；婉轉的鳥聲一波波襲來，誇耀著夏季的燦爛與熱烈。

歐洲的白晝很長，長得好像才剛剛闔上了夜，睜開眼，又是破曉的黎明。我走在夏天的味道裡，正要從拉斯佩齊亞（La Spezia）的火車站搭車前往繽紛迷人的五漁村。

五漁村（Cinque Terre）又名五鄉地、五色漁村，位於拉斯佩齊亞省的沿海地帶，共有五座村落，由北到南分別是蒙特羅梭（Monterosso）、韋爾納扎（Vernazza）、科爾尼利亞（Corniglia）、馬納羅拉（Manarola）及里奧馬焦雷（Riomaggiore），一九九七年時和鄰近的韋內雷港（Porto Venere）、帕爾瑪里亞島（Isola della Palmaria）、蒂諾島（Isola del Tino）和蒂內托島（Isola del Tinetto）一起被聯合國教科文組織列入世界文化遺產裡，一九九九年被闢為五漁村國家公園（Parco Nazionale delle Cinque Terre）。

五漁村的每一個村莊各有其代表的自然景觀及特色，在看盡了義大利眾多古蹟遺址後，讓視覺轉換到另一種場景，也換上另一種心情。

蒙特羅梭的村莊與海灘

蒙特羅梭：沙灘與巨人的記憶

蒙特羅梭是五漁村裡有著自然沙灘的村莊，一八七〇年政府興建了一條對外聯絡的鐵路後開啟了它與外界連結的橋樑。

還記得甫步出車站便是開闊的沙灘，那一朵朵五顏六色的洋傘如綻放的花朵驕傲地開在空曠恬靜的細沙上，而海，是晶瑩的亮藍色。

我們決定先品嘗屬於早晨的寧靜，緩步遊覽在蒙特羅梭純淨無雜的色調裡，轉進一條小巷，土黃色的牆間鑲嵌了一片頗有年代感的藍色木門，而豔紅色的九重葛在上頭炸出一道亮眼的花瀑。小小的廣場上林蔭翠綠，暖風送來花香和咖啡的濃郁，一隻毛色黑白相間的小貓正慵懶地趴在石階上欣賞著婆娑的樹影。

小巷的盡頭又是那片沙灘，而沙灘的盡頭則

蒙特羅梭的海灘

是蒙特羅梭巨人石像（Monterosso Giant）。石像由義大利雕塑家阿里哥・米內爾比（Arrigo Minerbi）和建築師佛朗西斯科・萊瓦策（Francesco Levacher）一同創作，原本屬於帕斯亭別墅（Villa Pastine）裝飾的一部份，在二次大戰期間和強大的風浪中受損，現今的巨人少了兩隻手、一條腿和三叉戟，面容孤獨落寞地凝視著大海。

我坐在岸邊，正對著巨人像，海邊的風吹得人一陣惆悵，一群人的熱鬧擁抱著這座小鎮，而轉個身，是沉默的巨人。

收拾好心情往反方向走，海色和天光渾然相融，前後追逐的浪花色彩由濃轉淡，連著泡沫消失在礫石之間。沿著一條曲折的山間小徑往上，海風拂過耳際的聲音越發清晰，幾艘白色的小船像輕薄的羽毛浮在透亮的海上。

回頭一看，水墨畫似的山峰在前方延展開來，

巷弄裡的風景

此地盛產檸檬，到處都有好喝的檸檬冰沙

韋爾納札是一個濱海的漁村

肥沃的綠色農田傍著青山，再往下就是蒙特羅梭的村莊，靜靜的和諧裡埋藏著質樸的原始感。

我在半山處停駐了好久，直到低鳴的汽笛聲迴盪在清寂的波谷裡。

韋爾納扎：歷史與海港的交織

離開了蒙特羅梭往韋爾納扎前去，接近正午的豔陽踱步在青藍色的天空上，坡度不高的小山綠樹成片，這個地區除了檸檬之外也盛產葡萄和橄欖油，空氣裡總有股淡淡的水果清甜味。

韋爾納扎（Vernazza）源自拉丁文形容詞「verna」，意為「本地人」。

多里亞城堡

此地是五漁村裡唯一一個擁有天然海港的村莊，最早是一座用於防禦的城鎮，歷史記載可追溯至一〇八〇年。

十二世紀時曾與熱那亞共和國（Republic of Genoa）合作擊敗比薩，也曾共同抵抗神聖羅馬帝國的入侵。十三世紀時，韋爾納札已是熱那亞地區重要的軍事城鎮，駐紮了許多士兵及艦隊。到了十五世紀左右，此地區的海盜猖獗，居民開始興建起大量的防禦工事如碉堡、防禦塔、城牆等，使得這座村莊又多了幾分粗曠的感受。

我們先爬上多里亞城堡（Castello Doria），又名韋爾納札城堡的它正是一座防禦性的碉堡，位於海邊高約七十公尺的懸崖上。城堡的核心最早建於十一世紀，由統治此地區的貴族——奧貝滕吉

（Obertenghi）主導建造，圓柱型的塔樓是整座城堡最古老的部分。在奧貝滕吉之後又有幾個顯赫的家族陸續控制了韋爾納札，城堡也因此不斷地擴建。

一二八四年的梅洛里亞戰役（Battle of Meloria）中，來自比薩的侵略軍佔領了堡壘，最終由熱那亞人獲勝；第二次世界大戰期間，多里亞城堡再度被德國軍隊用來當作防空站。

石塊堆疊的城堡像被時間的密網遮蔽，如洪荒元年的冰山，給人一種冷漠疏離的孤寂感受。我緩慢地攀爬，每一個石塊彷彿都刻著憂傷的符號，淡淡的，卻難以忽視。略帶殘破的身軀裝著寂寞的靈魂，歲月的洪流帶走了它光輝的曾經，只留下滿佈皺紋的滄桑。

來到城堡的最高處，憂傷的情緒一掃而空，前方是綿延如波浪的梯田，下方則是皺褶明顯的岩層。翠綠色的海面上停泊了眾多顏色繽紛的小船，在嬌豔的陽光下隨著海波微微起伏，它的寬闊和寧靜給了我無限迷離的溫柔和幻想。

我走到防波堤邊坐下，富有節奏感的海浪輕拍著我的思緒，我感受著大海的呼吸和心跳，或細膩柔軟，或澎湃高昂。

我凝視著海，而眼前聖瑪加利大堂（Chiesa di Santa Margherita）的八角型鐘樓正凝視著我。

科爾尼利亞的巷弄

科爾尼利亞：不臨海的靜謐村落

火車外的海，閃爍著一串串迷人的光圈，虹也似的色譜一浮一沉，蔚藍明淨地承載著浪花。我坐在車裡，陽光亮得讓我睜不開眼。

烈日下的我揮汗如雨，想要盡快征服眼前這將近四百階的階梯，忘記轉了幾個彎，驀然回首，就墜入那片深不可測的海。

科爾尼利亞（Corniglia）是唯一一座不臨海的村莊，也是面積最小的一座，它位在海拔約一百公尺高的岬角頂部，一面望海，三面皆是葡萄園和梯田，沃野千里。村莊的起源可追溯至古羅馬時代，名稱來自當時這片土地的擁有者——科爾尼利亞家族。

科爾尼利亞廣場一景

頂著豔陽，我穿梭在狹而長的窄巷裡，屋舍全是百年前的模樣，安靜的，舊舊的，數著緩慢流逝的歲月。炙熱的陽光被隔離在高牆之外，只有遊移的光影浮在葉間的縫隙裡。兩旁的商家大多販賣著檸檬製的商品如香皂、精油，酸甜的氣味瀰漫在充滿懷舊的巷弄中令人舌底泛津。

科爾尼利亞和蒙特羅梭、韋爾納扎很不一樣，寧靜的小巷、踢著足球的孩子、陽台上瞇著眼閱報的居民，這裡沒有觀光景點的浮華，相比起來，更像是人間真實的場景。

走過十四世紀的聖伯多祿教堂（Chiesa Di San Pietro）來到小巧的主廣場（Largo Taragio），這是村莊內最熱鬧的地方，但即便是村莊的核心卻沒有令人心煩意亂的擁擠。

點了一杯此地盛產的葡萄酒，天空藍得透徹，飛鳥劃過一道帶有殘缺美的弧線，我靜靜地看著、聽著，風裡有海浪聲。

馬那羅拉：五漁村最美的一角

午後的陽光穿過每一個安靜的角落，恣意地投下斑駁的陰影，而遠方的天空有浮雲幾朵，思緒也隨著步伐緩慢地遊移著。

馬那羅拉（Manarola）在五漁村中的規模僅比科爾尼利亞大一點，以捕魚和釀酒為主要產業。「Manarola」在當地的方言裡被改為Magna roea，意為「水車上的輪子」。因大多數的房子皆有著明亮的色彩而被觀光客評為「五漁村最美麗的村莊」！

沿著一條緩坡前行，像追尋著夾雜在暖陽裡若有似無的香味，兩旁都是熱鬧的商家和餐館，馬那羅拉和前幾村相比起來更為繁華喧鬧，一批又一批的遊客被卸載下來，街景宛如一幕幕活躍的幻燈片，映著每張期待的笑臉。

我站在一處開闊的平台上往前望去，底下的人群像一條流動的河，一直延伸到遙遠的盡頭。有趣的是，色彩協調的房子外正曬著被單、衣物，陽台上的花朵開得無比燦爛，一團團簇擁在一起，顯

馬那羅拉

馬那羅拉的街道

得格外愜意寧靜。

一條街，是兩個世界。

循著海浪聲來到了一條靠海的步道，旁邊是山，而底下是海，海風吹得人十分清爽。三五隻海鷗翱翔在天邊，或翻飛盤旋，或急速俯衝，每種姿態都是生命的奔放與力量。

我轉身，錯落在垂直山壁上的房子被陽光染成絢麗多彩的樣貌，翠綠的梯田蒙上了一層薄薄的光，一望無際的海灣裡有嬉戲的小艇和翻飛的浪花，每一個眼神停格的瞬間都成為記憶裡永恆的美景。

我屏息，讚嘆著這如詩如畫的馬那羅拉，開始下沉的紅色夕陽彷彿有一種魔力，將蒼穹下的一切都染成神祕夢幻的色調。腦中空白的我一時語塞想不出更美的形容詞，就讓即將而來的落日填滿此刻的空白吧！

日落餘暉中的里奧馬焦雷

夕陽的光奇妙地變化著，與遠方的地平線越來越靠近，海潮也開始上漲了，波浪起伏的幅度微微往上遞增，一路推擠，慢慢地往岸邊湧近。我們趁著夕陽還未完全落盡之前來到了第五個村莊——里奧馬焦雷（Riomaggiore）。

里奧馬焦雷一景

里奧馬焦雷位於一個小山谷中，是五漁村裡最南邊的村落。從海面上看過去，村莊像一個倒V字形，依傍著熱那亞灣（Gulf of Genoa）。村莊的歷史約可追溯至十三世紀，和其他村落一樣，這裡也盛產葡萄酒。

里奧馬焦雷和馬那羅拉之間有一條稱為愛之路（Via dell'Amore）的健行步道，這條步道長約一公里多，因其有著海灣的絕美景色而又被稱為「藍色小徑」，但二〇一二年山崩之後便關閉維修，我們因此無緣踏上這條愛之路。

天色陰陰地又暗了一層，要抵達里奧馬焦雷最美的港口須先穿越一條隧道，隧道裡以磁磚拼貼的藝術裝置充分展現了漁村的意象與特色。

浸潤在晚霞中的街道像點了燈般的明亮，居民以屬於大海的一切妝點自家的門面，舢舨、划槳、浮球，懸掛在牆面或陽台間，有一種貼近現實的可愛。Via Colombo是村莊的主要道路，一二樓多為商家，而上才是一般民宅。我在街道上遊走，這些散發著久遠時光味道的房子深深吸引著我，牆面裂縫裡的是搖晃的流年，而時光易逝，轉眼就凋零流失。

順著斜坡往下走，典型的石屋都有著彩色的外牆，最特別的是這些居民們的房子都有兩個出入口，一個面對著大街，而另一個則隱藏在屋後，當海盜來臨時，瞭望台的守員便會發出警報提醒居民逃跑。

里奧馬焦雷的小港口是全村景色最美的地方，也是捕捉落日的最佳地點，兩旁餐廳的露台上早已高朋滿座，空氣裡全是酒酣耳熱的笑語。像是指引路牌的藍白色小艇沿著石階向下擺放，延伸到防波堤的最遠端，再過去就是波光閃耀著的大海。

買了啤酒和炸海鮮走到堤防邊上和其他遊客席地而坐，我們都在等待著夕陽。

右前方是坐落在山脊上的房子，一棟一棟如積木般不斷往上堆疊，居高臨下俯瞰著海灣，強烈的層次感豐富了視覺上的饗宴。而夕陽在左前方，抒情的霞光早已流連海上，也映襯著這座層次分明的村莊。

我們看著世界籠罩在逐漸西沉的橘紅色光裡，大海也沒有了漣漪，一切彷如浸入寧靜。

一隻海鷗縱身飛入雲彩，原來那是里奧馬焦雷最美的驚嘆！

里奧馬焦雷港口旁色彩繽紛的房子

chapter 02 / *Monaco*

摩納哥

紙醉金迷的世界
——摩納哥一日驚奇

摩納哥一景

摩納哥的地理與歷史背景

摩納哥（Monaco）位於法國南部，除了南方與地中海接鄰外，北、東、西三面都被法國包圍。摩納哥的名稱源自於西元前六世紀，當時屬於希臘殖民地，稱為摩諾伊科（Monoikos）。根據希臘神話傳說，大力士——海克利斯（Heracles）曾路經此地，於是當地人便在此興建了一座神廟祭祀祂，稱為「Monoikos」，漸漸地轉變為摩納哥的地名。

西元前一世紀時，摩納哥曾做為羅馬帝國的其中一個行省，之後神聖羅馬帝國的皇帝——亨利六世（Holy Roman Emperor Henvy VI）把摩納哥割讓給熱那亞共和國（Republic of Genoa），熱那

摩納哥一景

亞的貴族——格里馬爾迪家族（House of Grimaldis）便開始統治此地區。

摩納哥也曾被拿破崙一世的法蘭西帝國控制，一直到拿破崙戰敗才在一八一四年根據《維也納條約》（Treaty of Vienna）成為獨立的國家。十九世紀中期，摩納哥短暫成為薩丁尼亞的保護國；一八六五年，摩納哥和法國言歸於好，條約中確定了摩納哥的主權，雖然名義上是獨立的國家，但實際上屬於法國的保護國。

君主立憲制與法國的緊密聯繫

摩納哥於一九一一年開始實行君主立憲制，由格里馬爾迪家族擔任摩納哥的親王，親王即是國家的元首，因此摩納哥的全名為「摩納哥親王國」或「摩納哥公國」。但親王須從法國政府提交的法國公民候選人中選任一位國務大臣組成內閣；國防由法國軍方負責，在政治、外交及各方面也都與法國緊密相連，因此便有人認為摩納哥較像是法國的行省而不是獨立的國家。

出了摩納哥車站後迎接著我們的便是不斷上下的山坡路，因為摩納哥本身就是座山城，雖然背山面海的景觀十分吸引人，但走不完的坡路和階梯卻是極度耗費體力……

作為僅次於梵蒂岡的全世界第二小國，摩納哥的國土面積僅有二點〇八平方公里，且大部分的土地皆是填海造地而來，極度缺乏天然資源，面積狹小的它沿途所見的住宅都是高樓大廈，在這人口最稠密的國家之一裡，每一吋土地都得妥善利用。

F1賽道：挑戰與榮耀

走在迂迴起伏的街道不時有名車呼嘯而過，摩納哥最著名的除了賭場外就是F1賽車！

摩納哥大獎賽（Grand Prix de Monaco）始於一九二九年，與印第安納波利斯五〇〇（Indy 500）和利曼二十四小時耐力賽（Le Mans 24）被大眾認為是最重要及最負盛名的汽車三大賽事！和一般F1賽車有固定場地的賽道不同，摩納哥的街道就是F1賽車的車道，又窄又彎是它的最大特色，不僅是世界上公認最具挑戰性的賽道，也因為其風景優美，讓它有著「一級方程式皇冠之上的明珠」

（the jewel of the Formula One crown）之稱！

F1比賽的日期約莫在五月下旬，地點在國內最核心的蒙地卡羅區（Monte Carlo），因此也常有人稱之為「蒙地卡羅大賽車」。

摩納哥的賽道全長僅有三點三三七公里，需跑七十八圈，共計兩百六十點二八六公里，這其實遠低於比賽規則的三百〇五公里，但因為其獨特的山城，加上比賽的場地——蒙地卡羅區建築在高聳的岩壁上，起伏的地勢、狹窄的彎道、低車速、長隧道等特性讓車子容易碰撞及難以超車，且時速也僅能維持一百六十公里左右，因此在富豪的影響力及轉播時間的考量下讓摩洛哥的賽事成為F1賽季中最短的一段。

綜合以上原因所形成的挑戰讓不少專業賽車手將摩納哥大獎賽的冠軍視為最高榮譽，甚至比拿下世界冠軍更有光榮與滿足感！

電影《鋼鐵人2》中，東尼與伊凡戰鬥的地點即是摩納哥賽道的終點唷！

海港與觀景台美景

我們捨棄了公車，趁陽光正好時細看城市的面貌。繁榮現代的摩納哥因為不向國民課稅而吸引了許多移民，根據統計，摩納哥的總人口數約有三萬八千人，但只有六千名左右為本國人，其餘則來

蒙地卡羅一景

隨處可見的高級名車

親王宮外擠滿了等待衛兵交接的人潮

自法國、義大利和其他國家的移民。

親王宮（Le Palais des Princes de Monaco）是熱那亞人建於十三世紀的要塞，位於面對港口的峭壁上，自十三世紀以來就是格里馬爾迪家族的住所，現在則是摩納哥政府的所在地。

親王宮一半是私人住宅與辦公場所，另一半則是博物館，僅限親王外出時才向遊客開放。整座建築融合了多種風格，白色岩石修建的鐘樓、大理石組成的榮譽堂和樓梯、形似文藝復興時期的宮殿露台等，因為曾經遭受許多戰火的攻擊，親王宮更像是一座防禦性的堡壘而非單純的宮殿，周圍還陳列著許多路易十四時期鑄造的大砲，鏽蝕的痕跡滿是時光堆疊的餘味。

做為一個稱職的觀光客，我們來到親王宮外等待正午時分的衛兵交接，小巧的廣場上萬頭鑽動，隨著慷慨激昂的樂聲首先出現的是負責演奏的樂隊，樂

赫庫勒港一景

隊後才是衛兵交接的人數。

整個儀式約莫五分鐘，但卻是參觀親王宮的一大重頭戲！

因地處於峭壁上，面對著寬闊的港灣，親王宮也有著絕佳的視野！

摩納哥境內有兩處海港，一個是芳特耶港（Fontvieille Harbour），另一個是赫庫勒港（Hercule Harbour）。

左邊的赫庫勒港是摩納哥唯一的深水港，「赫庫勒」一名來自希臘神話傳說大力士——海克利斯（Heracles），當地人深信海克利斯經過此地時也建造了港口，因此便以祂的名字為港口命名；往右望去則是芳特耶港，這是由一九六六年填海造陸而成的港口，面積較小。

我站在觀景台邊，平靜的海面海色湛藍清澈，細膩的浪花如白色的花蕊點綴著夏日最豔麗的色彩。

山脈美麗的稜線和海岸相互媲美，藍天、港灣、山巒、房舍層次分明；港口前停滿了豪華的遊艇，這是摩納哥富有的象徵，也是觀光客對摩納哥的第一印象。

摩納哥大教堂與葛莉絲王妃

聖母無染原罪主教座堂（Cathédrale de Monaco）又名摩納哥大教堂，由查爾斯三世王子（Charles III）建於一八七五年，屬於羅馬拜占庭式的風格。

整座教堂以白色的石材打造而成，長約七十二尺，寬約二十二公尺，教堂內部則有三座小禮堂，分別供奉聖人、守護者及聖物。此外，教堂也是摩納哥王室成員埋葬的地點，每一扇彩繪的玻璃窗上皆有聖經中描繪的場景。

摩納哥大教堂不僅是天主教摩納哥總教區的主教堂，同時也是整個國家的信仰中心！

教堂內還有眾多珍貴的藝術品，鑲滿馬賽克的華麗祭壇、大理石製成的主教寶座、細膩寫實的壁畫等，讓教堂不只是教堂，也是一座藝術聖殿！

既然來到了摩納哥，參觀了教堂，那就不能不提到這位摩納哥的平民王妃——葛莉絲凱莉（Grace Kelly）！

葛莉絲凱莉出生於美國，成年後投入影視產業，拍了多部膾炙人口的電影，甚至獲得奧斯卡最

摩納哥大教堂

大教堂內部

佳女主角獎，是家喻戶曉的女演員。一九五六年與摩納哥的王子——雷尼爾三世（Rainier III）結婚，王子與女星的戀愛故事占據了各大新聞的頭版。據當時的報導指出，全世界共有三千萬人同時觀看這場世紀婚禮的直播！

葛莉絲凱莉婚後便暫停了演藝生涯來到摩納哥生活。一九八二年，王妃駕車外出時發生嚴重車禍，同車的女兒雖身受重傷但逃過一劫，葛莉絲王妃則在急救兩天後因腦出血離世……

摩納哥大教堂即是兩人當時結婚的地方，也是王妃告別世界的終點。

葛莉絲凱莉一生的形象良好，除了是一位盡責的母親和王妃外更致力於慈善事業。她創立了世界兒童之友協會（AMADE）致力於全世界兒童的保護與發展；組織國際慈善機構——葛莉絲王妃基金會（Princess Grace Kelly Foundation），於每年三月的玫瑰舞會（Monaco Rose Ball）上邀請參加的名流捐款，募得的款項用於藝術及兒童醫療上。同時，她也擔任摩納哥紅十字會的主席直到逝世。

葛莉絲王妃被世人視為最優雅的王妃，不論是個人的穿衣品味或舉止談吐都深具魅力。其中最讓人印象深刻的是當她懷有第一個孩子而用愛馬仕（HERMÈS）的包包遮掩隆起的肚子，讓品牌商徵得摩納哥王室同意後，正式將此款包包命為「凱莉包」，也成為全世界女性趨之若鶩的精品！

富豪天堂：蒙地卡羅區

在正午的亮眼陽光下，摩納哥的面貌明確而清晰。我們來到了赫庫勒港，這裡屬於蒙地卡羅區（Monte Carlo），是摩納哥最富有、最知名的一區，以豪華的賭場和賽道聞名。

摩納哥因為無個人所得稅、遺產稅，企業也無須繳納增值稅等政策吸引了大量避稅的富豪移民，人均GDP高達十六萬歐元，被稱為「世界上唯一一個沒有窮人的國家」！此區沿途所見盡是比BMW或BENZ更為名貴的豪車、遊艇、氣派的豪宅，用「富得流油」來形容也不為過！

「蒙地卡羅」源自義大利語，此稱呼最早用於一八六六年，是為了紀念摩納哥親王——查理三世（Charles III）在位期間興建了著名的蒙地卡羅賭場，而使摩納哥成為日後的博奕勝地而來。

根據文獻記載，一八五六年時查理三世為了解決財政困難於是在蒙地卡羅北邊的岬角蓋了一座簡陋的賭場，但因為當時交通不夠發達，附近也杳無人煙，加上當時多數的歐洲國家對博弈產業非常反感，因此這項投資並沒有替財政帶來實質的效益。一直到一八六八年鐵路開通後湧入了人潮，同時也找來知名的賭場經營者——弗朗索瓦．布蘭克（François Blanc）一同投資經營，瞬間吸引了大批富豪爭相前往，蒙地卡羅的財富快速累積，拯救了瀕臨破產的摩納哥。

但不說，你可能不知道！在摩納哥，只有外國人才能進入賭場！這是因為王室深知賭博其實非常容易上癮，為了避免從其他國家賺來的錢再被國民給輸掉，因此便下令禁止本國人民進入賭場，藉以保護資金不外流。

午後時分，太陽還遠遠地懸在空中，風裡有狂野的引擎怒吼，奔馳的跑車追逐著陽光流溢的色彩，在一個轉彎之間只留下倜促的身影，揚長而去。

我們終於來到了蒙地卡羅賭場（Casino de Monte-Carlo）！

蒙地卡羅賭場於一八五八年開業，巴黎著名的建築師夏爾·加尼葉（Charles Garnier）應邀為蒙地卡羅賭場設計藍圖，這位大名鼎鼎的人物也就是巴黎歌劇院的設計者。

賭場的公共空間開放給大眾參觀，但進入賭場內部就必須付費且須著正式服裝。我拉了拉衣領，整理好儀容後帶著興奮緊張的步伐踏入賭場內，紅地毯襯托著波西米亞的水晶吊燈、繪滿壁畫的文藝復興大廳、精美的十九世紀浮雕等都堪比皇宮般地豪華！

我們也買了門票進入參觀，法式輪盤、百家樂、老虎機等各式各樣遊戲機台都讓人目不轉睛、瞠目結舌！無論是經驗老道的玩家或是新手，蒙地卡羅賭場都能滿足每個人的需求！

注重細節以及精緻的蒙地卡羅賭場不僅是歐洲，甚至於全世界都是娛樂和博奕的典範！

我來到賭場前的熱帶花園廣場（Casino Garden），午後的陽光特別迷人，慵懶的南歐日光灑在城市中的每一處，夾雜著浪漫、速度與金錢堆砌的幻想，讓人彷彿墜入了一個紙醉金迷的奇幻世界。

在這宛若真實世界的金銀島裡，你敢不敢賭一把？

蒙地卡羅賭場

chapter

03

France

法國

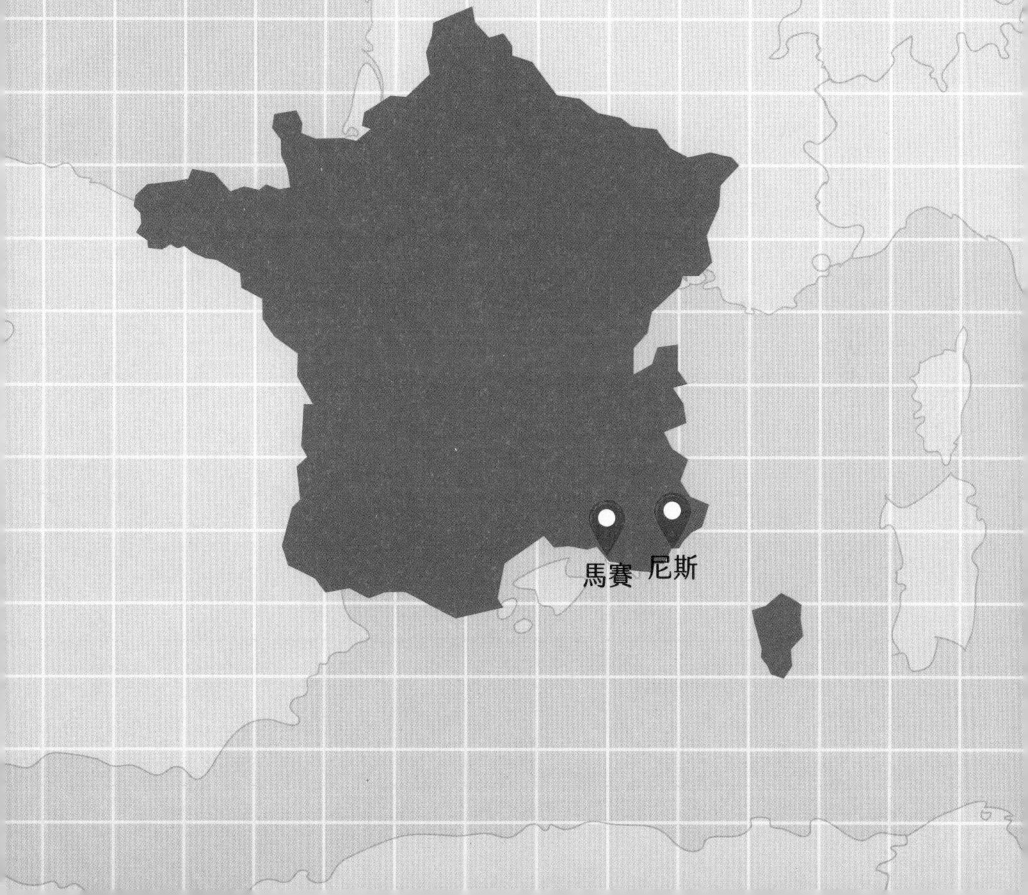

蔚藍海岸的明珠

——尼斯

尼斯：法國蔚藍海岸的明珠

火車駛過了大城，駛過了小鎮，沿途中的廣播在過了國界之後換了語言，剎那間，一片碧藍色的海洋劈面而來，滿視野的藍遼闊而廣大，藍天下無邊無際的海已分不出哪裡是海角，哪裡是天涯。我們全都屏息凝望著這片汪洋，好像墜入了深邃的，如夢一般的藍。

尼斯（Nice）是法國東南部一座地中海沿岸的城市，一名出自古羅馬時期的名稱——尼卡伊亞（拉丁語：Nicaea、古希臘語：*Νίκαια*、法語：Nicaïa），據史學家推論可能來自公元一世紀時古馬賽人與利古里亞人之間某場戰役的勝利有關。

尼斯是法國相當重要的旅遊勝地，它所在的區域被稱為「蔚藍海岸」，擁有絕美的地中海景觀和舒適的氣候。若從海面上望向尼斯，會發現尼斯的地勢由海濱往山麓逐漸抬升，位於阿爾卑斯山南端的它不僅坐擁海景，同時也擁有翠綠的山脈景觀！

尼斯天空下的純白奇蹟

尼斯的天藍得不可理喻，讓這座本身就帶著浪漫血液和熱情的城市顯得更加柔媚。仰望天空，萬里無雲，連空氣都純淨得很透明，白色的尼斯聖母聖殿（Basilique Notre-Dame de Nice）沐浴

熱鬧的梅德森大街

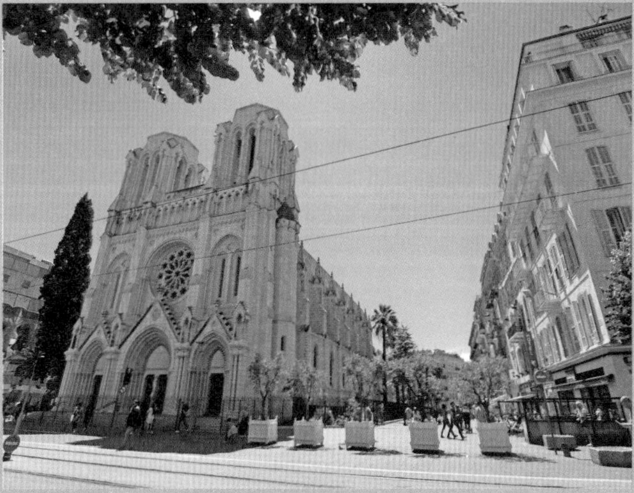
尼斯聖母大教堂

在天青色的陽光下更顯得潔白莊嚴。

尼斯聖母聖殿又稱為聖母升天大教堂，位於最熱鬧的梅德森大街上（Avenue de medecin），它是尼斯最大的教堂，屬於新哥德式的風格，建於一八六四年至一八七四年。大教堂有兩座高約三十一公尺的塔樓，正中間巨大的玫瑰花窗上描繪著聖母升天的場景。

一八六〇年，法國從薩丁王國（Kingdom of Sardinia）取得尼斯的所有權後，希望將尼斯打造成屬於法國本土的城市樣貌，因此以昂熱大教堂（Angers Cathedral）為藍本建造出聖母大教堂，意為尼斯從義大利併入法國後的改變。這座教堂的外觀與巴黎聖母院其實頗為相似但規模較小，在熱鬧的梅德森大街優雅地存在著。

漫步尼斯的心臟：馬賽納廣場

梅德森大街的盡頭就是馬賽納廣場（Place massena），這裡也是新城和舊城的界線。

馬賽納廣場始建於十八世紀，以安德烈・馬賽納（André Masséna）軍官的名字命名，由約瑟夫・韋爾尼爾（Joseph Vernier）在一八四三年至一八四四年間設計，仿造北義大利杜林（Torino）的維托里奧・威尼托廣場（Vittorio Veneto Piazza）而建。原本是兩座獨立式的廣場，鄰近舊城的是卡洛阿爾貝托廣場（一八二〇年至一八三〇年），另一側才是馬賽納廣場本身（一八四

藍天下的馬賽納廣場

〇年至一八五二年）。

兩座廣場中原本是帕隆河（Paillon）的河床，以一條新橋（Pont Neu）連接著新城和舊城。廣場最大的特色在於它的北半部，也就是靠近新城的方向為長方形，而靠近老城的那面則為半圓形。地面使用了黑白兩色的石塊拼成格子形狀；抬頭一看，七個黃色的人形雕塑以坐立的方式立在十公尺高的鋼管上方，這是西班牙藝術家——霍姆普倫薩（Jaume Plensa）的作品，名為尼斯對話（Conversation à Nice），代表的是七大洲。

靠近舊城方向的太陽噴泉（Fontaine du Soleil）是廣場最醒目的地標，由世界知名的雕刻家——阿佛列．傑尼歐（Alfred Janniot）設計。噴泉上的青銅裝飾象徵著

太陽噴泉

太陽系的各大行星，正中間則是一尊高約七公尺的阿波羅大理石雕像。

廣場周圍被羅馬時代赭紅色的建築物圍繞，和黑白樣式的地面、水藍色的天空激盪出一種強烈的活潑感！除了有餐廳、咖啡館外，老佛爺百貨也在廣場上，同時還有不少街頭藝人在此表演，可以說是尼斯最熱鬧、最有活力的廣場！

尼斯主教座堂

尼斯經典美食的迷人風味

走進老城區，蜿蜒曲折的小巷弄隨著地形攀爬起伏，古老的建築演繹著時光遠去的故事，而屬於尼斯城的歷史則埋藏在縱橫交錯的細微紋路裡。老城裡除了現代化的餐館外，也能見到百年前的商鋪依然販賣著日常用品。

我們在尼斯主教座堂旁（Cathédrale Sainte-Réparate de Nice）的餐廳坐了下來，準備享用道地的法國料理，更準確地說，是尼斯特色菜！

酥卡（Socca）是一種由鷹嘴豆粉加上水、鹽、橄欖油調製而成的麵團，接著窯烤後取出，撒上些許胡椒便能上桌。酥卡本身沒有什麼強烈的味道，口感薄脆，是南法特

大快朵頤酥卡、淡菜與尼斯沙拉

有的料理也是最受當地人歡迎的平價美食。但因為做法簡單，反而成了考驗各家火候功力的菜色，同樣的配料若對料理的方式不夠純熟，很容易便成了難以下嚥的災難……

淡菜（Moule Frites）是經典的法國菜之一，以奶油和白酒調成的醬汁料理，流行於法國全境。這種作法不僅可以吃到奶油濃厚的香氣，白酒也能把海鮮的腥味蓋掉。吃淡菜時最豪邁的吃法就是拿著淡菜，用蚌殼舀起些許醬汁和淡菜一同入口，而剩下的醬汁不僅可以拿來拌薯條也能沾酥卡，算是一道由裡到外都百搭的菜餚。

淡菜即是我們臺灣稱的「孔雀蛤」。

地中海飲食以健康聞名，大部分以水果、蔬菜、堅果、豆類植物為主，並適量的搭配魚類、乳製品、少量的肉和紅酒組合而成，符合現代科學對飲食的要求以及對健康更有益處，聯合國教科文組織在二〇一三年時將地中海飲食登錄在人類非物質文化遺產代表名錄上，且有明確的規範符合地中海飲食的七個國家，分別是義大利、西班牙、葡萄牙、希臘、克羅埃西亞、摩洛哥和賽普勒斯，而法國南部、土耳其、甚至遠至北非的突尼西亞也曾受過地中海飲食的影響，尼斯沙拉（Salade Niçoise）就是一個例子！

尼斯沙拉的配料主要是番茄、水煮蛋、生菜葉、洋蔥、橄欖、鮪魚，淋上油醋醬或是橄欖油，作法會有些許差異，但大致上脫離不了這些基本食材。

清爽的沙拉在夏日能夠刺激萎靡的食慾，做為開胃菜或是解膩的菜色也都十分適合。名廚戈登甚至盛讚尼斯沙拉是「夏季最好的沙拉」！

從城堡山到天使灣：俯瞰尼斯的無盡魅力

遊走在老城迂迴的巷弄間，斑駁的色彩是時間留下的足記。從古希臘人、古羅馬時代到法國統治，千年的歲月流逝彷彿一圈一圈的年輪，印在尼斯被豔陽曬得炙熱的臉龐上。

刻意選擇一條遠離觀光客的巷子，呼吸著屬於當地人愜意自在的空氣。抬頭一看，巷弄的頂端藏著一條湛藍色的天空，那距離好似很遠，像一條沒有盡頭的河流，浮游在地中海溫暖的風裡。

誰說法國人都很冷漠？笑喊著「bonjour」的當地人和我刻板印象裡高傲的民族截然不同！或許

城堡山與貝蘭達塔

藏在骨子裡的熱情被陽光一曬就全顯露出來了！

城堡山（Parc du Château）位於美國碼頭東邊的小山上，老城和港口中間，這裡原先有著建於十一世紀的城堡，但一七〇五年時城堡被法國軍隊占領，隔年在路易十四的命令下城堡被無情地摧毀，因此現在的城堡山已經沒有城堡，僅剩一座貝蘭達塔（Tour Bellanda）保存至今。

城堡山高度大約九十二公尺，向西可俯瞰尼斯老城和天使灣，向東則可以看見林比亞港（Lympia Port）及阿爾卑斯山南麓起伏的線條，地理位置優越，居高臨下俯視著海岸線的氣勢仍讓人震撼。

一八三〇年，查爾斯——菲力克斯國王（King Charles Felix）決定在城堡山興建

尼斯最美的天使灣

從城堡山俯瞰林比亞港

一座屬於市民的公園，除了多條林蔭步道外還增加了一座人工瀑布、兒童遊戲區和大面積的草地，這裡不僅是尼斯人的後花園，也是觀光客欣賞天使灣的最佳地點！

尼斯的海岸有一個很美的名字叫做天使灣（Baie des Anges），因為形似天使的翅膀而聞名。要想看到天使灣的面貌就必須登高，而城堡山是最好的觀景地！

陽光穿過薄透的雲層在海上反射著銀色的光芒，讓單調的海面多了些浮動的色彩；依偎著海岸圓弧線的是遍佈著鵝卵石的沙灘，黑黑的，灰灰的，與漸層的海水溫柔碰撞；遠方的山巒上覆蓋著像白雪的雲，每一吋陽光都如夾在書本裡的書籤。換個方向，停滿了遊艇與帆船的林比亞港生氣蓬勃，周圍都是色彩滿溢的繽紛建築，午後時分是林比亞港最美的時刻，也被認為是唯一能與尼斯老城媲美的景點。

英國人散步大道：尼斯與大海的百年對話

綿延的天使灣旁就是著名的英國人散步大道（Promenade des Anglais）。十四世紀時，尼斯的居民除了須面對地中海突然的暴風雨侵襲外，還得防範猖獗的海盜活動，因此當時便在城市沿海的部分（今老城區）設置了城牆。十八世紀開始，尼斯發生了幾起重大的事件，城市被迫向大海開放：一七〇五年路易十四下令拆毀城牆和城堡、一七五一年商業活動開始轉至林比亞港、一七六〇年代第

英國人散步大道

一批英國殖民者的到來等，改變了尼斯與大海間的關係。

一八二〇年時，英國的劉易斯牧師（Reverend Lewis Way）發起社會募捐，由尼斯的英國殖民者於一八二二年修建，當時是為了逃離英國寒冷的冬天而規劃，將原本只有兩公尺寬的步行街擴大到今日的規模。

又稱為盎格魯街的英國人散步大道全長共五公里，連接著尼斯機場和城堡山，這條世界知名的濱海長廊有棕櫚樹長年點綴，兩旁盡是高檔的飯店、餐館和別墅，同時也結合了自行車道，吸引了無數愛好風景和運動的人士。這裡更是許多活動舉辦的地點，如尼斯狂歡節、體育賽事或各種展覽與會議。

「我愛尼斯」的標語是觀光客最愛的地標

我走著，地中海充沛的陽光從不吝嗇燃燒著自由奔放的靈魂，天地間渾然相成的景色讓人感覺連空氣都像過濾了雜質般的清甜。躺在鵝卵石沙灘上望著大海，這片海藍得太過夢幻，筆墨無法形容也難以臨摹。

清澈的海水湧來，那是最美的旋律。

熱情的、迷人的、猖狂的印象

——馬賽

聖讓堡

漫步馬賽舊港的衝突與魅力

南歐，六月的陽光像一團燃燒的火焰烤著我的靈魂，無名的巷弄挾著莫名的氣味一路蜿蜒，轉了個彎，是時間在此停格的教堂、是畫滿了塗鴉的舊廣場、是樹影斑駁印在傾倒圍牆的虛幻光影。

出發前，許多人告訴我馬賽（Marseille）的三大特色是小偷、妓女和港口，這座城市和義大利的拿坡里（Napoli）一樣，充斥著各種犯罪、暴力、地下交易與性，是生人勿近的危險城市。

我不想將這些「聽說」刻進腦海裡，別人口中的它或許和我的不一樣，我想親自來看看馬賽，想為它平反，或者，證明它就

位於馬塞西海岸的法羅宮

是那樣的一座城市！

馬賽給我的第一眼印象很古老，散發著破破舊舊的氛圍，土黃色的房子和土黃色的牆構成了土黃色的街道景觀，除了混亂的現代感塗鴉外，我找不到更多的色彩。循著人聲來到舊港（Vieux-Port）邊的市場，露天的市集是各種新鮮蔬果和漁獲的集散處，皮膚黝黑的北非人、戴著頭巾的穆斯林婦女和牽著小孩的吉普賽人全都參雜其中，名牌跑車一駛而過，而路邊趴著的是衣衫襤褸的遊民，那雙沒有穿鞋的腳正流著惡臭的膿……

無法精準形容這是一個什麼樣的場景，我試著釐清眼前的景象，卻讓自己越發困惑。

舊港位於著名的卡內比埃爾山

（Canebière）腳下，沿著麻田街（La Canebière）就能抵達。這裡是西元前六世紀時古希臘人登陸的地點，他們在港口建立起貿易城市，並在周邊種麻以及航海用的繩纜，「麻田街」即由此得名。

當時舊港的主要功能是進行商業活動，遠渡重洋的貿易商船在此聚集，帶來了屬於非洲、亞洲及地中海各國的文化。港口的門戶由兩座堡壘組成：聖尼古拉堡（Fort Saint-Nicolas）和聖讓堡（Fort Saint-Jean），鄰近則有著眾多的歷史建築和遺跡，如：法羅宮。

舊港被視為馬賽的起源地，也是馬賽的精神以及象徵。

迎著精神抖擻的日光漫步港口邊，諾曼福斯特（Norman Foster）建造的巨型觀景亭正面對著閃閃發光的海。

這一座由八根柱子撐起的涼亭猶如一面鏡子反射著底下移動的人影，千百張不同的面孔注視著同一片風景，舊港的景色也倒映在鏡面上方，遊人和舊港，正面和反面，現實和虛幻之間都令人迷戀不已。

馬賽雖然有著多重民族與文化，但衍生而來的治安問題卻也令遊客裹足不前……扒手、搶劫、詐騙充斥在城市的每個角落，甚至有旅遊網站評比，法國是歐洲治安最差的國家，而馬賽是法國治安最差的城市。

對於馬賽的第一印象來自於電影《終極殺陣》，這一部在馬賽取景的電影將馬賽的瘋狂與混亂細膩捕捉，雖然告訴自己別讓刻板印象先入為主，但卻時刻保持著高度的警戒心，深怕一不小心就落

馬賽舊港

黃昏與觀景亭

入了馬賽的重重陷阱。

乘著風，船隻飛翔在湛藍的海裡，馬賽港口的景色令人驚豔萬分，數以千計的風帆、快艇、遊輪沿著岸邊盛開，一路追隨的海鷗拖著豔夏高吭的尾音飛在不狂不怒的波濤上。

被遺忘的海上孤島：伊芙島的歷史與文學傳奇

一座懸於海上的孤島是法國文豪——大仲馬（Alexandre Dumas）暢銷小說《基督山恩仇記》的場景，這裡是伊芙島（Île d'If）。

伊芙島是佛留利群島（Archipel du Frioul）中最小的島嶼，伊芙堡則是島上的堡壘。伊芙堡（château d'If）由國王法蘭西斯一世（Francis I）建於一五二四年至一五三一年，原本只是一座無人居住的荒島，國王在一五一六年來到此地視察時發現了伊芙島有很大的防禦價值，因而下令興建堡壘做為馬賽軍港的前哨站。

島嶼面積約莫三公頃，堡壘是一棟方形的三層建築，兩側共有三座帶有砲眼的塔樓。實際上，伊芙島的主要功能並不是擊退敵人，而是做為禦敵之用。

與世隔絕的伊芙島後來成為監獄，用來囚禁政治犯和宗教犯，是法國非常著名的監獄之一，惡劣的環境加上海洋的阻隔，幾乎沒人能夠逃離這座海上監獄。它被稱為「加州的惡魔島」，對臺灣人

伊芙堡

來說或許更像綠島！

伊芙堡一直到十九世紀末才正式卸下其監獄的身分，並於一八九〇年九月二十三日解除軍事化管制對外開放，而真正令它名氣大增的原因則是《基督山恩仇記》。

在《基督山恩仇記裡》，主角唐泰斯被同伴陷害後囚禁於伊芙島，他與獄中的神父結為莫逆之交，學習了許多豐富的知識。他們決定挖掘一條地道離開，沒想到神父卻在逃離之際死亡，唐泰斯假扮了神父遺體被獄卒丟入海中，而後用藏身的小刀解開腳鐐，並向走私的漁船求救。他來到神父告知藏匿寶藏的基督山，沒想到真的發現埋藏在山中的寶藏，一夕致富的他決定向當初陷害他的人報仇！

這部小說融合了眾多正義、復仇、冒

伊芙堡一側

險、希望和寬容等，一八四四年出版之後便橫掃文壇，也讓大仲馬一躍成為文壇著名的作家。

書迷們對伊芙島的神祕與好奇早就滿溢，開放之後立刻吸引了無數書迷到此尋找書中的場景，也是馬賽最知名的景點！

這座遺落在時間與距離之外的伊芙島寸草不生，抑鬱的氛圍隔成一道高聳的牆，陽光彷彿不再充滿朝氣，只有呼嘯的風和奔騰的海裹著這一塊曾經被遺忘的荒蕪之島。

走進伊芙堡內，四周都是冰冷的石塊，我感覺不到溫度，像萬徑人蹤滅的曠野，被孤獨、淒涼、寂寞層層包圍。有著美麗名字的它是一道沉重的枷鎖，緊緊鎖住渴望自由的靈魂。

伊芙堡內部有許多小而陰暗的牢房，

石砌建築的堡內異常涼爽，甚至有點寒冷。根據簡介，這裡的監獄也分等級，最窮、最沒有勢力的囚犯關押在城堡內的最下方，牢房內沒有窗戶、沒有新鮮的空氣，囚犯們擠在一起，時間，是靜止的。富有的囚犯能夠買通獄方，自己使用單獨的牢房，同時配備床鋪、書桌、衣櫃等，甚至還有新鮮的食物！

抬頭看，從天井灑下來的光不偏不倚照在最黑暗的角落，這一個小小的四方形天井是城堡內象徵希望的所在，使人覺得生命仍值得被期待。爬上石階便可來到昔日的牢房，這裡的每一扇窗框都以鐵柵欄阻隔，被剝奪的不只有自由，還有人脆弱的意志……

走進早已開放的牢房內，牆上有一小扇對外窗，從窗口看出去正是那藍得發光的海。我看得出神，這裡彷如是另一個時空，時間無情地凍結了一切，沉悶與壓抑緊緊包圍著我。我想著海的那一邊是熱鬧的馬賽，而我在被世界遺忘的彼端。盪著波光的海面是那麼美麗，但它卻將我徹底與繁華隔離，我僅有的，只有這一口透著小小光線的窗，希望、重生與未來，在伊芙堡內被徹底地剝奪了……

某些牆面還可以看見或新或舊、或深或淺的刻痕，我猜想著那是和著血淚的遺書抑或是炫耀到此一遊標記？

悲傷的神情不用演繹，儘管物換星移，仍舊可以感受到被奪去了自由的絕望。

來到城堡頂端，三百六十度的海景讓人暫時脫離了沉重感，但枯黃的植物、呼嘯的海風卻又像是在提醒著我這裡是伊芙島，一座充滿悲憤、失落、死氣沉沉的孤島。

伊芙堡內的天井

牢房的方形窗戶

馬賽魚湯與淡菜

傷心的長度難以被精準估算，只有將說不出口的思念託付給向南過冬的候鳥。

馬賽魚湯的傳奇

在馬賽，有一道名聞遐邇的美食，或許對某些人來說不能算是「美食」，那就稱它為「特色料理」好了！

馬賽魚湯（bouillabaisse）是一道源自於法國本土的料理，以地中海沿岸所產的各種魚類燉煮，並以洋蔥、番茄、西洋芹、茴香、大蒜及各式香料調味，法國南部的許多省份也有類似做法的湯頭，有些甚至會以螃蟹、龍蝦或淡菜增添視覺上華麗的效果，但道地的馬賽魚湯其實不含貝類或蝦蟹，這或許是為了迎合觀光客的口味而做出的調整。但網路上對馬賽魚湯的評價毀譽參半，有人認為這種不加修飾的料理方式嚐起來太腥，有人則認為可以吃到海鮮單純的原味。

馬賽魚湯在很多文學作品裡都曾被提到，哈利波特的作者——羅琳也曾在書中提到霍格華茲學院用馬賽魚湯招待從法國來的魔法師，使對方非常滿意的章節喔！

馬賽魚湯和泰國的冬蔭湯、中國粵菜的高湯並稱為世界三大湯頭，也是來到馬賽不可不試的清單之一！

我們決定在舊港旁的餐廳享用午餐，除了著名的馬賽魚湯之外，還有海鮮綜合拼盤（生蠔、紅蝦、鳳螺等）、鱈魚堡等各式海味組合。

令人既期待又怕受傷害的馬賽魚湯終於上桌了，濃重的湯頭裡是份量十足的淡菜，聞起來，淡淡的魚腥味和各式香料的味道彼此獨立存在著，而醬汁很濃稠。

服務生告訴我們馬賽魚湯正確的吃法是先淺嚐一口魚湯，然後拿著麵包沾一些湯汁與橘紅色的蒜蓉紅椒醬（Rouille）醬（註3）一起入口。我們彼此對看了一眼，決定先從淡菜下手！

舀了一小口湯汁與淡菜一同入口，原本屬於重口味的淡菜此時竟然變得清淡，魚湯強而烈的味覺感受在口中炸開，從舌尖到舌後，從單調的腥到多層次的堆疊，不僅僅是味覺上的刺激，也是一場豐富的料理創作之旅！

註3：Rouille：是一種醬汁，由藏紅花、辣椒、蛋黃、大蒜、麵包粉組成，多用於馬賽魚湯的料理上。

馬賽的舊港與城市

我們一致認為馬賽魚湯並沒那麼邪惡，它獨特的風味反而令人充滿好奇與驚奇。

守護聖母聖殿的光輝

觀光小火車滿載著遊客，框啷、框啷，緩緩地行駛在馬賽略帶混亂的街頭，午後的陽光刺眼卻溫暖，照得舊港一片晶瑩透亮。穿過了熱鬧非凡的港口，經過酒店林立的街區，每一條窄小的巷弄都像《終極殺陣》裡主角丹尼爾飆速而過的場景。

我特別喜歡跟著電影去旅行，那種身歷其境的感受是難以言喻的感動！

小火車沿著馬賽的海岸愜意地走著，滿盈的海水在日光的照耀下像遍地發光的碎銀。人類對海、對天空總是有無限地嚮往，

守護聖母聖殿

眼前這片全藍的世界無邊無際，雄渾而蒼茫，彷彿把城市的壅擠、吵雜都化作純白的泡沫。

小火車的終點便是守護聖母聖殿（Notre-Dame de la Garde）了！

守護聖母聖殿位於馬賽的制高點，一座名為拉加德山丘（La Garde Hill）的石灰岩山峰上，海拔約一百六十二公尺，原址是一座十三世紀供奉著聖母瑪利亞的小教堂。

一五二四年，波旁王朝的查理三世（Charles III of Bourbon）和哈布斯堡的查理五世（Charles V）結盟後，弗朗索瓦一世（François I）意識到馬賽的防禦系統過於薄弱，於是下令在此建造一座堡壘，與伊芙堡共同肩負起保衛城市的責任，而現今

馬賽舊港

教堂就蓋在堡壘的基礎上，佛朗索瓦一世的徽章——火蜥蜴以及代表法國王室百合花的圖樣還遺留在教堂外的門上。

守護聖母聖殿融合了羅曼式以及拜占庭式的風格，四十一公尺高的鐘樓上方有一座約十二公尺高的塔樓，塔頂還有一座鍍金的聖母像，據說從馬賽的任何方位都能看見這尊金色的雕像，因而成為馬賽的地標。

守護聖母聖殿自中世紀以來就被視為海上漁民和水手的守護神。

我看著塔樓，總覺得和聖母百花大教堂旁的喬托鐘樓有幾分相識，才發現原來建造教堂的綠色石材來自佛羅倫斯周邊地區！

教堂的內部是裝飾華麗的穹頂、馬賽克、大理石柱和壁畫，每一幅畫作都與宗教故事有關，同時也有許多祈求航海順利的模型船、戰功勳章和馬賽足球俱樂部的球衣，在這人與神對話的場域裡，總覺得有種對比的滑稽。

我並沒有走到教堂下方的墓穴，比起墓穴，教堂外的景色更加吸引我！

站在石階上遙望著大海，人們口中的馬賽在明豔的陽光照射下是如此純粹與潔淨，波動的水光從海面一路接連至天邊，浪花與浮雲都是亮的，亮得令人如痴如醉；暖洋洋的風迎面吹著，瀰漫在馬賽夏日裡是漫長而舒暢的氣味，閉上眼，感受光暈擁抱的溫暖，我沉浸在它溫柔的撫摸裡。

此刻的我充滿疑惑，是否該重新定義這座城市呢？

對那些來自北非的移民和祈求溫飽的人來說，馬賽是一座希望之城，他們在此燃起了生活的熱情，看見未來的可能，而對遊人來說，馬賽就如同一座裹著毒藥的罪惡之城，各種被隱藏起來的危機，美麗而致命……

再次回到了舊港碼頭，一日的喧囂終歸平淡，馬賽似乎安靜了下來，海鷗聲聲地喚著出海的漁民歸來吧。

若你問我，馬賽到底是怎麼樣的一座城市？

它的狂、它的亂、它的輕挑、它的放縱都充滿著一股神祕感。

我無法告訴你確切的感受，與其聽別人說，不如請你親自來看看！

chapter 04 / Spain

西班牙

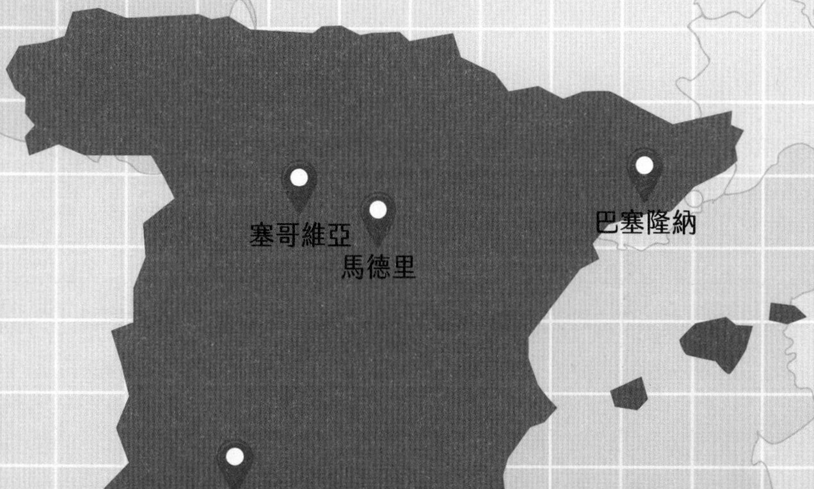

夏日，不思議

——馬德里

馬德里不思議：探索西班牙首都的歷史起源與發展

歌手蔡依林一首名為《馬德里不思議》的歌曲在二〇〇六年發表後讓許多人開始注意到它，即便當時的音樂錄影帶拍攝地是在匈牙利，但「馬德里」這三個字還是一躍成為年輕世代中西班牙的代表。

馬德里（Madrid）是西班牙的首都和最大都市，也是馬德里自治區的首府。「馬德里」一語的由來有好幾種說法，其中最多人認為是從「烏爾薩里亞」（Ursaria）而來。在拉丁語中，Ursaria是熊群聚集之處，因為在附近的森林裡發現了大量的熊與草莓樹（西班牙語稱madroño），因此熊與莓樹也成為了城市的象徵。不過實際上則是西元前兩世紀時羅馬帝國在此建立一個名為馬特里斯（Matrice）的村莊，而後穆斯林征服伊比利半島將城市名改為邁里特（Mayrit），再從莫扎拉布語（Mozarabic，註4）演變為Madrid。

一五六一年，西班牙國王菲力普二世（Felipe II de España）從托雷多（Toledo）遷都至馬德里後城市開始快速發展，然而自文藝復興時期開始至二十世紀初期，馬德里先後被拿破崙的軍隊入侵、歷經西班牙獨立戰爭（一八〇八年至一八一四年）和內戰爆發（一九三六年至一九三九年），整座城市就像

註4：莫扎拉布語是指羅曼語言在伊比利半島發展早期存在於穆斯林統治地區所講的一種方言。

格蘭維亞大道上的西貝萊斯廣場與通訊宮

停滯不前的落後地帶，一直到政黨穩定及實施民主制度後才又讓城市再次重生，並且成為伊比利半島上最繁榮現代的大城市。

現今的馬德里與巴塞隆納並列為西班牙兩大對外文化窗口。

塞萬提斯與《唐吉訶德》：探訪西班牙廣場的文化地標

格蘭維雅大道（Calle Gran via）是一條神似香榭麗舍大道的購物區，富麗堂皇的百貨大廈占據著東西兩面，川流不息的車輛像一條狹長的銀鍊，串起了平行時空裡的人與物。

我頂著烈日走到了西班牙廣場，這裡是格蘭維雅大道的盡頭，廣場上最出名

塞萬提斯紀念碑

的即是塞萬提斯紀念碑（Monumento a Cervantes）。

米格爾德塞萬提斯（Miguel de Cervantes Saavedra）是西班牙著名的小說家、劇作家和詩人，他所創作的《唐吉訶德》（Don Quijote de la Mancha）一出版便在西班牙造成空前的轟動。

《唐吉訶德》故事中的主角——唐吉訶德因閱讀了騎士小說後開始幻想自己是位騎士，他說服農民桑丘跟他一起上路遊歷天下，一路上幹了不少荒唐事，惹出一堆是非，最後才從騎士夢中醒悟。

塞萬提斯在書中對騎士制度的描寫生動地反映出當時西班牙社會的政治、法律、道德和私有財產制度的荒謬，主角則被認為是沉溺於幻想、逃避現實、行為盲目的麻煩人物。

《唐吉訶德》是塞萬提斯文學創作的巔峰，他以詼諧搞笑卻又憂憤悲傷的角度完美推翻了當時所盛行的騎士文學，這本書被視為西班牙文學的典範、文壇最有影響力的作品，也是全球被翻譯最多的文學之一！

塞萬提斯紀念碑於一九五七年完成，正面是塞萬提斯端坐的石雕，他右手拿著名著《唐吉訶德》，因戰爭而失去的左手則被披風巧妙遮住；前方是騎著瘦馬的唐吉訶德和他的僕人桑丘，另外兩座是平凡的村姑阿爾東莎（Aldonza Lorenzo）和他想像中的美麗女子——杜爾西內（Dulcinea）。

視線往上延伸，紀念碑石質地球的周圍有五位捧著《唐吉訶德》專心研讀的人物雕塑，象徵塞萬提斯的著作滿譽五大洲。

德波神廟的搬遷與重生

距離塞萬提斯紀念碑不遠處有一座遠從埃及來的德波神廟（Templo de Debod），這座神廟原本在埃及亞斯文（Aswan）南方十五公里處，是西元前兩世紀時用來獻給太陽神阿蒙（Amon）的小神堂，而後用來供奉菲萊（Philai）的守護女神——伊西絲（Isis）。

德波神廟

一九六〇年，埃及政府決定興建亞斯文大壩，但在建造過程中導致納賽爾湖（Lake Nasser）湖水上漲，當地又缺乏保護古蹟的條件，聯合國教科文組織便向各國發出拯救瀕臨毀滅文物的號召。西班牙的政府團隊幫助了阿布辛貝神殿（Abu Simbel Temple）的搬遷和重建，而埃及政府為了表達感謝便在一九六八年將德波神廟贈給西班牙。這不僅是西班牙境內唯一一座有埃及特色的建築，也是埃及境外文物中保存最好的一個！

西班牙政府重建神廟之後在一九七二年對公眾開放，神廟前的小型展覽館則展出有關德波神廟的歷史和搬遷過程。

德波神廟位在普林西比皮奧山（Mount Príncipe Pío），這裡早期是軍營的駐紮地；一八〇八年五月二日，拿破崙的軍隊曾在此地射殺當時的反抗軍；這裡也是一九三六年七月軍事起義的發生地，而這場起義最終導致了西班牙內戰爆發。現在的普林西比皮奧山已是一座林相蔥鬱的公園，前方還能看見馬德里王宮（Palacio Real de Madrid）和阿穆德納聖母主教座堂（Catedral de Santa María la Real de la Almudena）。

正午的公園裡遊人不多，樹影搖曳的天空下純淨得沒有一朵白雲。我坐在面對著王宮的長椅上，蟬在樹上叫著，像在訴說著一則關於古老的故事，悠長而緩慢。德波神廟雖然不是馬德里必遊的景點，但卻是我在馬德里最喜歡的地方。

聖米格爾市場的變遷與再生

下午兩點多了，現在是西班牙人的午餐時間，我們沿著馬約爾街（Calle Mayor）街道往市中心走，在主廣場前找到了聖米格爾市場（Mercado de San Miguel）。

聖米格爾市場在中世紀時就已是一個露天的市集，當時主要的交易物為手工藝品，然而一八〇九年時在國王——約瑟夫．波拿巴（José I Bonaparte）之令下拆除，改造成一個販賣生鮮商品的市集。十九世紀下半葉起，城市的規劃者、醫生、公共衛生專家認為開放式的市集對於城市的面容、衛生以及鄰近地區的交通會衍生出許多問題，因此通過市議會決議建造新的市場。

聖米格爾市場建於一九一三至一九一六年間，由西班牙的建築師阿方索．迪亞斯（Alfonso Dubé y Díez）監督建造。市場在一九一六年開業，風格類似於歐洲其他地區的鐵製市場，用鑄鐵支撐整座建築，以長方形的樣式呈現，共計上下兩層，面積約有兩千平方公尺，外牆捨棄了傳統的封閉牆面改以大片落地玻璃窗設計，除了一眼就能望見市場裡的景象外，也製造出光線明亮、整潔通透之感。

但聖米格爾市場也曾經歷過生死存亡的關頭！二〇〇〇年左右，因為其規模及功能不能與大型連鎖超市競爭，市場的商業活動逐漸衰退，馬德里人不願意這個曾經是自己生活中不可或缺的市場就這樣消失，因此號召一群對建築、美食及文化傳承有興趣的人為市場進行改造。他們改變了傳統市場的經營模式，以當地的特色美食作為號召，提高商品的質量、提升服務品質、提供試吃並在市場內規劃了一處可以享受美食的區塊，讓市場不再只是匆匆來去的地方，而是能與朋友閒話家常的悠閒小館，這番與連鎖超市區隔開來的操作模式倒也真的殺出一條血路，讓它成為馬德里最具話題性的市場！

正值用餐時期，我們循著氣味踏入市場裡，這裡有著最新鮮的伊比利火腿、地中海特色料理、品質優良的乳酪，當然也有生鮮蔬果和各式酒類冷飲！這裡不僅是市民日常生活的陪伴，也是馬德里的美食聖殿！

聖米格爾市場

一口Tapas，一杯Sangria：品味西班牙的飲食藝術

既然來到西班牙，那就不能不試試屬於西班牙的特色小菜——Tapas！

關於Tapas的起源有幾種說法，在西班牙的安達魯西亞（Andalucía）地區人們在飲用雪莉酒期間會用小型食物當作酒杯上的蓋子，防止灰塵或果蠅掉入杯中，「tapa」意為蓋子。

中世紀時國王阿方索十世（Alfonso X de Castilla）因為養病需要飲用紅酒，阿方索為了避免空腹喝酒酒醉，而在飲酒時搭配了許多小點心，當他康復之後便下令所有的酒館在販售酒精飲料時都必須提供一小份食物佐食。

各式美味的Tapas

另一個傳說則是阿方索十三世（Alfonso XIII）在訪問卡迪斯（Cádiz）時因為當地臨海，風沙太大，酒館老闆於是在酒杯上蓋了一片火腿，並說：「這是您的酒和蓋子」，而國王誤以為「Tapa」是一道小菜因而流傳。

如今的Tapas是西班牙飲食文化中相當重要的一環，它能夠與冷菜或熱食組合，大致上可分成三類，如橄欖、火腿、乳酪等乾菜，或油漬沙丁魚、鯖魚等冷食，當然也能與炸物如可樂餅、炸魷魚圈等熱食搭配；Tapas除了可以做為下酒菜外也能當成前菜、點心，甚至有酒館將各式各樣的Tapas組合成正餐販售，同時也刺激酒類銷售的成長！

聖米格爾市場裡當然也有許多販賣

Tapas的店家，我們各挑了幾種不同口味的Tapas，份量小巧的它既然被當成點心，那目的就不在於飽腹！

食用Tapas時要從口味清淡的開始入口，之後才是口味重一點的菜色，大魚大肉則擺在最後，這樣的味覺享受才最滿足！

別忘了，Tapas是經典的下酒菜，當然要來一杯西班牙的國民調酒——桑格莉亞（Sangria）！「Sangria」在西班牙語中有血的意思，而紅酒象徵血，因此以紅酒、烈酒、水果片、糖漿和氣泡飲料調配而成，是西班牙的國飲，又叫西班牙水果酒，調配方式可依個人喜好變化，酒精濃度雖然不高，但微醺的氣氛卻使人沉醉萬分！

一口Tapas，一口Sangria，絕配！

藝術、音樂與歷史交織的主廣場

主廣場（Plaza Mayor）就在聖米格爾市場旁，歷史可追溯至十五世紀，當時稱為Plaza del Arrabal。一五六一年時廣場被移至馬德里市，而後國王菲利浦二世（Philip II）下令改造此地區，但一直到一六一七年菲利浦三世（Philip III）統治時期才開始動工。一七九〇年一場大火燒毀了廣場三分之一的面積，而後才改造成今日所見的模樣。

主廣場

現今的主廣場呈現長方形，共計有九個出入口分別通向不同的街道；廣場不算是開放式的，因為四周皆被四層樓高的古典建築所圍繞，內部可以見到地面層屬於迴廊式的造型建築，中間是菲利浦三世騎著馬的青銅雕像。

在主廣場北側，外牆滿是壁畫的麵包房之家（Casa de la Panadería）下層曾是鎮上主要的麵包店，也曾做為辦公室、美術學院、圖書館總部使用，現在則是主廣場的控制中心和旅遊中心，行使市政及文化功能；兩座左右對稱的塔樓外牆至今仍掛著兩只大鐘。

主廣場又被稱為馬約爾廣場，這裡是舉辦各種活動的場地，也是藝術家、街頭藝人與遊客聚集之處。

我在迴廊裡漫遊、穿梭，光影隨著時間不斷變化著，陽光灑下的溫暖瀰漫在主廣場裡的每個角落。靠著牆，閉眼傾聽被彈奏著的樂章，幸福感油然而生。

太陽門廣場：馬德里的歷史與文化之心

在馬德里眾多的廣場中，太陽門廣場（Puerta del Sol）是絕對不會被錯過的一個！

太陽門廣場最初是馬德里城牆上的一座城門，約建於十五世紀，因面向東方太陽升起的方向因而得名。這裡是馬德里的心臟，拿破崙的軍隊入侵西班牙後與市民對峙的地方；西班牙的公路里程碑由此開始計算，馬德里市區的門牌也以這裡為起點

太陽門廣場呈現半圓形，圍繞在周邊的有紅白相間的舊郵政大樓（Real Casa de Correos）、零公里標誌牌（Placa del kilómetro cero）以及致力馬德里公共建設發展，備受市民尊敬的國王——卡洛斯三世（Carlos III）雕像等，但我來到這裡的目的是為了尋找馬德里的市徽——熊與莓樹（El oso y el madroño）！

傳說在城市初始時，外頭的森林發現了大量熊群與莓樹的蹤影，因此以莓樹「madroño」為城市命名，也成為馬德里的由來。

熊與莓樹的雕像就在廣場的東面，一隻小熊直立著身子以前爪抱住眼前的莓樹，這是馬德里最

太陽門廣場上的熊與莓樹雕像

可愛、最受歡迎的市徽！

向晚時分的馬德里依然活力四射，坐在廣場的噴水池邊看著五彩斑斕的街景，午後的風有些許涼意。旁邊的餐館裡已有酒酣耳熱的笑語，而演奏著揚琴的藝人正低頭專注地彈奏，那叮叮咚咚的琴聲隨著微微西斜的陽光射進心裡最深的扉頁。

五點不到，窗外已通透明亮，歐洲夏天的清晨是城市最清新的時刻，空氣還涼涼的，帶著一點夜露濕潤的氣息。沿著阿爾卡拉街前行，經過西貝萊斯廣場，這一條筆直的大道兩旁是高度一致的行道樹，陽光還不算太刺眼，整個城市彷彿是一幅淡淡的水墨畫。

馬德里的景點大致上以阿爾卡拉門（Puerta de Alcalá）為界，一邊是主廣場

阿爾卡拉門

與王宮為主的景點，另一邊則是麗池公園和普拉多美術館。

麗池公園的詩意風光：從池塘到水晶宮的悠然漫步

緊鄰著阿爾卡拉門的是馬德里最大的公園——麗池公園（Parque del Retiro）。麗池公園建於十七世紀上半葉，菲利浦四世（Felipe IV）統治期間在其附近擴建了皇家宮殿、森林和花園，這也是麗池公園的前身，行政上屬於雷地羅區（Retiro），因此以Retiro為公園命名。

麗池大池（Grande del Buen Retiro）是公園內的一處人工水域，除了提供皇室做為娛樂功能使用外，也用來儲存水

麗池大池與阿方索十二世紀念碑

資源確保宮殿及花園用水無虞。

池塘的對岸是壯觀的阿方索十二世紀念碑（Monumento a Alfonso XII），以帶有大量雕塑的半圓形柱廊組成；紀念碑高約三十二公尺，共有二十多位雕塑家參與創作。靠近水面的地方有四位美人魚，再往上是四隻威風的獅子，頂端的青銅雕像即是阿方索十二世。

這座紀念碑由大眾捐款資助，於一九二二年七月落成，岸邊有多個人工林，湖中有不少小艇漂流其中；朝陽的日光灑在水面上，暖風習習，波紋道道，像是一個溫柔的、軟軟的夢。

我覺得池塘與紀念碑是麗池公園最美的地方！

水晶宮（Palacio De Cristal）被譽為

麗池公園裡絕對不能錯過的建築！這座幾乎以玻璃製成的溫室呈現十字型，鑲嵌在磚造底座的鐵框架裡並以陶瓷裝飾；中間的圓頂高約二十二公尺，毗鄰湖泊，坐擁森林與水色風光，目前用於藝術展覽。

走進水晶宮內，當天正有藝文活動舉辦中，各色布條與圖騰天幕佈置出一種奇妙的異國情調，不少民眾仰躺在裡面，但密不通風的內部感覺猶如冒氣的蒸籠，黏稠的空氣停滯不動，一下子就擰出一堆汗，讓人猜想這是否也是一種修行？

離開麗池公園時已是日正當中，馬德里又回到了高溫肆虐的狀態，原本翱翔在天空中的飛鳥也只敢在樹下棲息。

皇家聖傑莫尼諾教堂（San Jerónimo el Real）與麗池公園僅有一街之隔，建於十五世紀，原本是聖傑莫尼諾修道院的一部份，因為菲利浦二世（Felipe II）在此加冕登基而受到矚目。一八〇八年拿破崙軍隊入侵後教堂曾遭到嚴重的破壞，也曾改為軍營和醫院用途，現在則與西班牙王室的生活息息相關，比如就職典禮、婚喪喜慶、重大公告發布等都在此舉行。

教堂內鴉雀無聲，祭壇、壁畫與雕塑華麗莊重，這裡是馬德里最重要的修道院之一。

水晶宮

皇家聖傑莫尼諾教堂

烤乳豬與水道橋——塞哥維亞

走進「勝利之城」

跳上巴士，將自己融入車體搖晃的節奏裡，盤旋在清朗天空中的雀群悠然自若的飛翔，越過濕潤的樹梢，揭開即將甦醒的早晨。

我在單調無趣的景色裡昏昏欲睡，直到司機喊了「Segovia」！

這座古城還在沉睡，包圍著我的是響徹雲霄的安靜，不規則形狀的石板街道拼成了時空裡獨特的記憶線索，薄薄的青苔覆蓋成一片難以忽視的綠，它和飄過青空的雲、振翅飛過的鳥、屋簷下趴坐的貓和樹上棲息的蟬用同一種頻率呼吸。

塞哥維亞（Segovia）位於馬德里北方，「Segovia」的名稱來自凱爾特伊比利語，意為「勝利之城」。曾被羅馬人及摩爾人統治因而留下了許多異國樣式的文化和建築。中世紀末期是塞哥維亞的黃金時代，因位於貿易路線上使它成為重要的羊毛和紡織品貿易站，加上不斷湧入的猶太人口為經濟發展提供了大量的人力，此時的塞哥維亞以紡織業繁榮了整個城市。

十七世紀開始，因產業結構改變加上多場戰爭襲擊，塞哥維亞逐漸沒落，人口外移，一直到十九世紀才緩慢復甦，邁入穩定。

時至今日，這座城市的市中心以其獨具風格的建築在一九八五年時被聯合國教科文組織列入世界遺產。

水道橋

遠遠地，我看到了阿索格霍廣場上（Plaza del Azoguejo）拱門狀的水道橋（Acueducto de Segovia），那是屬於這城市的記憶，也是旅人們心之所向之地。

羅馬水道橋：千年屹立的建築傳奇

水道橋由羅馬人建於西元一世紀，當初是為了把十七公里外的冷水河（Fuente Fria）引入市區以提供水源。這座巨大的引水道全長約七百二十八公尺，最高處離地面約二十九公尺，共有一百六十七個拱門，材料以花崗岩為主。而最厲害的是建築水道橋時沒有使用到任何的介面接著劑，純粹運用力學以及角度的平衡將巨大的石塊結合在一

遠觀水道橋的景色

起，被視為羅馬帝國最傑出的建築之一，並在一八八四年成為國家古蹟建築，一九八五年被選為人類文化遺產！

水道橋從落成後至二十世紀初依然運作良好，為塞哥維亞提供了豐富的水源，從河中引流來的水會在途中利用坡度過濾掉泥沙，然後通往舊城、城堡以及公共浴場，但二十世紀後受到汽車及環境的汙染、石塊的腐爛及漏水一度岌岌可危……

為了確保它的面貌以及長久保存，有關當局下令更改了汽車行駛的路線，水道橋周邊只做為人行道使用，一九九七年順利修復之後才得以原本的面貌重現。

水道橋是塞哥維亞重要的城市象徵，甚至城市徽章上也能見到它的身影！

我看著，巨大壯觀的橋身其實有著非

主廣場上的小亭子

常細微的紋路，過往的歷史與生活的痕跡盤根錯節交纏在一起，在深刻的鑿痕裡散落著不同時空的記憶碎片。我撫摸著它，想像千年前的面貌，物換星移的感嘆突然被無限放大，低迴在依舊燦爛的天空下。

探尋塞哥維亞的城市靈魂

離開水道橋後我們沿著地圖緩慢游移，人口不多的塞哥維亞卻有著大量的古蹟，路過不知名的小教堂，古樸卻莊重；以石塊或磚頭鋪就的巷道蜿蜒深邃，每一個轉角都有醇厚的歲月香氣。

被城牆包圍的舊城區是塞哥維亞最吸引人的地方，無數古色古香的建築群散落在每一個視線所及之處，而主廣場（Plaza

塞哥維亞大教堂

Mayor）就位在舊城中心。

主廣場建於十七世紀，但在成為城市的主要廣場前這裡就被視為村莊的中心，居民在此設攤交易、聚會社交，周邊圍繞著市政廳、胡安·布拉沃劇院（Juan Bravo Theater）、聖米格爾教堂（Iglesia de San Miguel）和大教堂（Segovia Cathedral）。

主廣場是塞哥維亞的核心，除了經濟活動外，也與政治、宗教緊密結合。廣場附近擁有許多咖啡廳、商鋪和精品店，中央有個造型簡約的小亭子，它被用來舉行音樂演奏以及慶祝活動。

現在的主廣場是塞哥維亞的重要節慶、傳統市集和藝術表演的重要場地。

塞哥維亞大教堂（Segovia

Cathedral）是一座供奉著聖母瑪利亞的哥德式晚期天主教堂，建於十六世紀中葉。原本的教堂毗鄰著塞哥維亞城堡（Alcázar de Segovia），曾被皇家軍隊用來防禦城堡免於戰爭侵略，但大教堂仍然在一次戰亂中被夷為平地，成了廢墟……

為了避免再次淪為犧牲品，大教堂才遷址到目前的所在地。外觀有三座高大的羅馬式拱頂，精美的花窗和彩繪玻璃窗各具特色；眾多哥德式的尖塔簇擁著主塔，高達九十公尺的鐘樓則為西班牙最高！

塞哥維亞大教堂因其造型優美雅致而被譽為「西班牙教堂中的貴婦」！

塞哥維亞城堡的夢幻與壯麗

已是正午了，塞哥維亞的夏日彷彿是一鍋滾燙的水，所有景物都被蒸得冒泡，發出咕嘟咕嘟的聲音。這是一個色調單純的城市，無論是水道橋、教堂還是街景都是低調的土黃，像一個古老的、沉睡的祕境，散發著久遠神祕的氣息。

塞哥維亞三大景點分別為水道橋、大教堂和城堡。

塞哥維亞城堡又名阿爾卡薩堡（Alcázar de Segovia），西班牙文裡的「Alcázar」即是城堡之意。

塞哥維亞城堡

城堡頂端的周遭景色

城堡最早被記錄的年份是西元一一二〇年，最初是一座阿拉伯堡壘，它位於埃雷斯馬河（Eresma）和克拉莫雷斯河（Clamores）的交匯處，一座峭壁之上。

這一座造型獨特的石砌城堡三面皆是懸崖，正對著河谷，有居高臨下的王者氣勢，因地勢險峻，只能透過吊橋與外界連接。

藍色的屋頂是城堡的最大特色，建材來自附近河流中的一種片岩，這種岩石在太陽的照射下會產生出金屬般的迷人光澤使人目眩神迷。據說當年迪士尼公司便是以這座城堡為藍圖設計出童話故事——白雪公主的城堡，因此塞哥維亞城堡也被稱為「白雪公主城堡」！

城堡所在的位置曾是羅馬人和摩爾人建立軍事要塞之地，一一五五年起成為皇家的城堡；一四七四年卡斯蒂莉亞王國（Castilla）的伊莎貝拉一世女王（Isabel I la Católica）從此處走向大教堂宣布即位、加冕，並與其夫婿斐迪南多二世（Ferrando II）共同抵抗摩爾人的入侵。此後的數百年間，此地和西班牙中部城市托雷多（Toledo）成為抵抗摩爾人入侵的大本營。

教堂也曾被改為砲兵學院，十九世紀毀於戰爭，現今看到的城堡是一八六二年重建後的樣式。

塞哥維亞城堡不僅是卡斯蒂莉亞君主的皇宮，也是一座防禦性的堡壘。堅固的城牆、深邃的護城河、高聳的塔樓以及難攻易守的地理位置讓它成為權力與威嚴的象徵。

有人說城堡的外觀猶如一艘航行中的帆船，塔樓即是船帆，我遙望著它，似乎有那麼一點相似！

我們放棄了城堡內部只買了登塔的票，爬上一百五十二階陰暗的旋轉樓梯，緊接著伴隨而來的是遼闊無邊的視野！

地平線將天空與土地分割成兩種不同的色塊，獨立在空曠黃泥沙中的小教堂、隱身在林地邊緣的低調房舍和一條不知通往何方的荒野公路，這幅景象既粗曠又原始，孤寂且蒼涼。我想像自己正站在船頭凝望著無聲的汪洋，塞哥維亞的風景，有一種蕭索的美。

塞哥維亞百年美食體驗

都說烤乳豬是塞哥維亞的代表美食，那我當然也要試一試！

烤乳豬的西班牙文為「Cochinillo Asado」，以三週左右大的本地小豬進行料理，此時的肉質最為鮮嫩，同時加上一些新鮮的香料、葡萄酒並放在陶製的烤盤進行烘烤。

我們坐在水道橋旁邊的Mesón De Cándido餐廳，這間餐廳從西元一七八六年便開始營業，是家喻戶曉的百年餐廳，不僅報章雜誌爭相採訪之外，還榮獲米其林推薦！

下午兩點多，正值西班牙當地的午餐時間，沒有事先預約的我們只剩下門外的位置，但水道橋就在眼前，似乎也是個不錯選擇！

一盤還冒著氤氳熱氣的烤乳豬上桌了，這裡的特色是用餐盤切開烤乳豬以示肉質的鮮嫩，然後

烤乳豬與西班牙蛋餅

再把餐盤摔破。

等等，烤乳豬跟摔盤子有什麼關係？

據悉，這是一項特殊的傳統，服務生用白瓷盤做為切割乳豬的工具，除了證明肉質軟嫩之外，瓷盤落地碎裂的聲音也代表老闆的歡迎聲！

我們看著盤子在乳豬身上被俐落的分開，然後再淋上一匙溫熱的豬油，頓時間香氣四溢！

我等待著摔破盤子的那一刻，卻被告知只有名人到場才有此「特殊表演」，只好聽著樓上破碎帶著歡笑的聲音暗自可惜……

回到烤乳豬身上，以祕製香料醃製過的肉質除了軟嫩多汁外還帶有一點特殊香氣，外皮酥脆可口，比一般豬肉更容易咀嚼～說真的，無論口感還是味道都非常值得稱讚！

有一句話是這樣說的：在西班牙吃烤乳豬有「三三定律」，一是挑選三週大小的幼豬，二是以慢火烘烤三小時，三是以三個小時的時間慢慢品味它。然而對多數來去匆匆的旅人而言，花三個小時吃飯不如探索更多的景點！

另一道西班牙的餐點是Tortilla Del Meson De Candido，又稱為「西班牙蛋餅」的它口感紮實，內部有多種蔬菜餡料，分量不大但飽腹感十足！

我們喝著Sangria，午後的陽光溫暖卻不熱，水道橋身上金色的光斑耀眼而迷人。

離開塞哥維亞之前我們決定再多看一眼水道橋的身影，往人潮稀少的另一頭探索。與住宅區毗鄰的古橋是沉默的，時間的摺痕深深藏在石塊的夾縫裡，信手拈來都是一則引人入勝的故事；沒有名氣的咖啡廳播著抒情的鋼琴音樂，侍者點著頭對我微笑，而小廣場的樹蔭下，正在學步的幼兒咯咯笑著。

我看著水道橋，縱使歲月如梭，韶光易逝，在天與地之間，總有我們存在過的證明。

我和高第有個約
——巴塞隆納（上）

聖家堂

聖家堂的建築旅程

晴空萬里的盛夏時節陽光燦爛撫媚，暖風裡四處都是蟬的叫聲，公園裡的池塘浮著聖家堂的倒影，晃蕩著一池的美麗。

我還清楚地記得二〇一五年時第一次來到巴塞隆納因為沒有事先買票而錯過聖家堂的情景，當時的我站在教堂外仰望著這座未完工的教堂只覺得非常特別卻又難以言喻。它奇特的外觀與不討喜的色彩像個了無生趣的手拉坯，周圍更是滿佈著重型機具與鷹架，讓我十分懷疑它到底有何魔力能夠吸引全世界各地的遊客前來？

多年後，我重新踏上這裡，聖家堂成了我不願再錯過的地方。

聖家堂（Sagrada Família）的全名為

聖家宗座聖殿暨贖罪殿（加泰隆尼亞語：Basílica i Temple Expiatori de la Sagrada Família），始建於一八八二年三月十九日，其靈感來自一位名為博卡貝拉（Bocabella）的書商。

一八七二年時博卡貝拉從義大利回來，當時他受到聖家聖殿（Basilica della Santa Casa）的啟發而想建造一座教堂。聖家堂的第一任設計師為法蘭西斯（Francisco de Paula del Villar），而高第在他辭職後於一八八三年接手，並對原有的設計規劃重新做出調整。

我跟著人潮逐漸走進聖家堂，興奮、緊張、期待等所有感受聚積在胸口像快要爆炸的炮竹，然後我戴起耳機，進入一場神聖的、虔誠的、感恩的宗教奇幻旅程。

聖家堂誕生立面的宗教與自然交響曲

聖家堂共有誕生立面（Façana del Naixement）、受難立面（Façana de la Passió）和榮耀立面（Façana de la Glòria）三個立面，我們從誕生立面的入口進入。

誕生立面是高第參與建造最多的一個立面，同時也是最早完成的一面。此立面位於太陽升起的東方，表示萬物生生不息，並以耶穌誕生、聖母加冕、希律王屠嬰等聖經故事為主題。

若對天主教有基本了解，不難發現此立面其實就是一本聖經！

從誕生立面的塔中間可以看到生命之樹（希伯來文Etz haChayim），這出自聖經中的《創世

聖家堂誕生立面

紀》。上帝將生命之樹置於伊甸園中象徵生命力，也是天堂與人間的橋樑；鴿子則代表著傳信者、聖靈和愛。往下看是瑪莉亞的加冕（The Coronation of Mary），由耶穌地上的父親——約瑟幫瑪莉亞行加冕禮，然後是伯利恆的大星星，四周有不少天使吹奏或彈奏豎琴；再往下看便是剛出生的耶穌以及聖母瑪莉亞，站在一旁的則是約瑟。而嬰兒旁邊有著一頭牛與一頭馬，象徵耶穌降生在伯利恆的馬槽裡，而他們所在的柱頭上則有著耶穌的名字——JESUS。

東方三賢士位於左下角，他們精通天文學與占星術。當時他們往伯利恆的方向看去時發現天空中有一顆大星星，後來跟著它就來到了耶穌出生的地方，同時帶著乳香、沒藥和黃金作為禮物。下面的三道門由左到右分別代表著希望（Hope）、愛（Love）、信仰（Faith）。

每座門上皆刻有大自然的花草、昆蟲，生氣勃勃且無一重複，與誕生立面的意義相互呼應。這一面想呈現的主要是歡欣愉悅的狀態，也是三個立面中最複雜繁瑣的一面！

這些石材來自當時巴塞隆納的聖地——猶太山（又稱蒙特惠奇山Montjuïc），顯示出高第對宗教的虔誠。

聖家堂受難立面的冷峻與深意

換個方向來到了受難立面（Façana de la Passió），此立面面向西方，以耶穌的死亡為主題。這一面由雕刻家蘇比拉克斯（Josep Maria Subirachs i Sitjar）按照高第的手稿刻出最後的晚餐、耶穌被釘在十字架上和基督升天的故事。

誕生立面面向太陽升起的東方，受難立面位於生命結束，太陽落下的西方，以日出日落巧妙地結合了生與死。

這一面的風格與誕生立面落差很大，所有的人物線條剛硬且冰冷，背景單調而孤獨，可以看出整個立面沒有太多繁複的雕刻，大多是有稜有角的設計，讓人感受到沉重與悲痛。

從下方看起是耶穌被縛受鞭笞的情景，圓型石柱共有四段，代表十字架的四個面向；柱子前方

聖家堂受難立面

有三階台階，象徵著耶穌三日後復活；門口的左右兩邊即是背叛耶穌的兩個門徒：右邊的是彼得，在聖經《馬太福音》裡耶穌曾經預言彼得：「雞叫以先，你要三次不認我」！

彼得在外面院子裡坐著，有一個使女前來，說：「你素來也是同那加利利人耶穌一夥的。」彼得在眾人面前卻不承認，說：「我不知道你說的是什麼。」既出去，到了門口，又有一個使女看見他，就對那裡的人說：「這個人也是同拿撒勒人耶穌一夥的。」彼得又不承認並且起誓說：「我不認得那個人！」過不了多久的時候，旁邊站著的人前來，對彼得說：「你真是他們一黨的，你的口音把你露出來了。」彼得就發咒起誓地說：「我不認得那個人！」立時，雞就叫了。彼得想起耶穌所說的話：「雞叫以先，你要三次不認我。」他就出去痛哭。彼得雖然當眾不認主，但他卻不像猶大那樣遭受眾人唾棄，他錯在心地太軟弱且事後懊悔不已，而他也是唯一一位陪耶穌走到最後的門徒。因此他的背叛被認為不是蓄意的，他的內心還是愛著耶穌。若走近一點就會發現彼得的表情呈現悲傷痛苦狀，將背叛耶穌後後悔的面容全部表現出來。

而左邊兩個抱在一起的雕像便是猶大之吻（Judas Kiss）。在《最後的晚餐》裡猶大親吻耶穌作為暗號，讓祭祀和士兵認出耶穌並將祂抓走，也因此「猶大之吻」可以表示某個看似親暱的舉動實際上卻是加害的意圖。

在猶大之吻旁邊有個四乘四的數字組合，不論橫的、直的、斜的加起來總合都是三十三，代表耶穌受難時的年齡。

中間層的最右邊是耶穌背著十字架向加爾瓦洛山前進，後因體力不支而跌倒，也象徵耶穌走的苦路；而正中間的是聖婦韋洛尼加（St Veronica），她拿了一塊布巾擦去了耶穌臉上的血汗，耶穌的聖容就印在這塊布上。

最左邊是蘇比拉克斯為了紀念高第而將傳教士刻成高第的面容，象徵高第與神同在聖家堂。

最上層，也是受難立面最引人注目的雕刻——被釘在十字架上的耶穌。耶穌腳邊有幾個骷顱頭，代表的是羅馬統治時期處決異族人的骷髏地。

至於為什麼高第要先將誕生立面完成呢？他曾經說過，假設先完成的是受難立面，那人們可能

巴塞隆納的街道

會感受到害怕、悲傷，但若是先完成誕生立面則會帶來期待與希望。

我想這樣的安排並無道理，當看完受難立面後，沉悶低落的情緒確實籠罩了我，高第連人的心理感受也一併考慮了進去，直讓人打從心底佩服啊！

聖家堂的未竟之業

我還在驚豔與驚嘆中，僅僅光是兩個立面就帶給我巨大的感受與衝擊，我開始有那麼一點明白為什麼聖家堂還未完工就被列入世界遺產。

電梯開始向上攀升，環繞著聖家堂的共有十八座塔，最高的是代表著耶穌的中心塔，次高的是代表聖母瑪莉亞的瑪莉亞塔；

如蝸牛紋路的旋轉樓梯

繞著中心的四座尖塔是聖經四大福音書著者——馬太、馬可、路加、約翰，以及聖徒塔共十二座，代表耶穌的十二門徒。

而這些塔的高度也隱藏著一些小細節，如中心塔高度約一百七十公尺，比蒙特惠奇山（Montjuïc）略低，因為高第認為他的能力不能超過上帝。

抵達了塔頂之後可以看到部分建築上面的拉丁語宗教銘文與標誌，同時也運用了大量色彩繽紛的馬賽克磁磚妝點外牆。

塔頂的景色遼闊，前方的八角形街道是巴塞隆納的特色，在陽光的浸潤下顯得特別明亮；那些穿梭其中的車讓馬路好像一條流動的河，在歲月悠長的日子裡緩緩流過這城市。

順著模仿蝸牛螺旋紋路的迴旋樓梯一

路往下，旁邊同時還可看見施工中的鷹架。聖家堂從一八八二年開始動工一直到今日都還未完工，而工程會延續這麼久是因為聖家堂是一座贖罪教堂，建造的資金來源主要靠捐款，所以捐款的多寡便影響著工程的進行。再加上高第去世後許多珍貴的手稿以及設計圖在西班牙內戰時被激進份子燒毀，工程一直延宕到一九五四年才又開始進行，眾多因素導致進度嚴重落後。

雪上加霜的是二〇二〇年時新冠肺炎襲擊全球導致門票收入以及捐款減少，原本預計在二〇二六年，也就是高第逝世的一百週年時舉行落成典禮，現今看來似乎成了一項不可能的任務了……

不過高第曾說過：「我的客戶並不急！」他的客戶指的就是上帝。

不斷旋轉的樓梯令人頭暈目眩，小心翼翼地握緊扶手，如履薄冰般地終於走下樓，來到了聖家堂內部。

聖家堂玻璃窗中的流光溢彩

其實聖家堂一開始的建築師是法蘭西斯，但因設計的成本太高又與宗教團體的理念不和因此辭職離去。高第在隔年接手了法蘭西斯的工作，除了保留已建造完成的地下聖壇之外，他將原本哥德復興式的建築改為加泰隆尼亞現代主義建築，隔年被任命為建築師時他才三十二歲！

聖家堂內部最令人目眩神迷的莫過於那些彩繪的玻璃窗，經由光線不同角度的折射幻化成百萬

聖家堂主殿內

種色彩，是深邃海洋裡繽紛的泡沫，是神祕森林裡鬥豔的花朵，也是遙遠銀河中的斑斕星光，我很難以用確切的文字形容這恍如夢境的感受，就像阿凡達的奇幻森林一樣，撲朔而迷離！

充滿著動態感的光由淺到深，由明至暗，每一片玻璃、每一處光影、每一個角落都充滿著不屬於人間的色彩，如同上帝的調色盤，一筆一畫都是意境！

誕生立面方向使用藍綠色的玻璃，代表新生與活力；受難立面方向使用的是紅色與橘黃色為主的玻璃，表示日落西山之意。這些交織的光影在聖家堂內流淌著，朝陽、晚霞似乎都不及聖家堂的美！

再抬頭看看那片如萬花筒般的穹頂，一根一根的列柱往上延伸彷如參天的樹幹，

像樹林頂部的穹頂

光線變化的玻璃窗

這是高第獨特的設計，從底部的正方形基底轉為十六面的形狀，最終在頂端以圓形收尾，開枝散葉。

天窗透下來的光是否就像葉梢間灑落的陽光呢？這一片巨大的森林像幻影、像夢境，時而真實，時而夢幻，如果真的有阿凡達的現實場景，我相信就在聖家堂裡！

高第奉獻一生的未完志業

我心裡不斷地想著，要是高第能親自完成聖家堂的建造，那現在的聖家堂是否會超越聖家堂？一路聽著導覽，得知了原來聖家堂大部分的設計都不是在高第任內完成的，但他卻在聖家堂投入了高達四十三年的時間！一九二五年時為了全心全意建造聖家堂甚至還搬到工地居住……

高第視宗教與建築為他的全部，他將他的下半輩子全心奉獻給聖家堂，但這卻成為了他未完成的遺作……

一九二六年六月七日，高第剛從教堂做完禮拜離開，結果不幸地被一輛電車撞上而失去知覺，那時的高第衣衫破舊，路人以為他是流浪漢而沒有給予及時的協助，後來有好心的民眾將他送至聖十字聖保羅醫院救治，隔天才被聖家堂的牧師認出，但他的狀況已經嚴重惡化，兩天後病逝於醫院，那年他七十三歲。

六月十二日高第葬禮那天，前來送葬的隊伍一路從聖十字醫院延伸到聖家堂，參與的民眾莫不

五十種語言刻成的福音書大門

感到惋惜甚至泣不成聲，巴塞隆納痛失了一位天才建築師，而據說高第自己曾有預感他無法看到聖家堂完工。而後高第被安葬在聖家堂的地下墓室裡，與他最愛的聖家堂同在。

在聖家堂裡可以看見曲線、圓弧、拋物線、螺旋狀的設計，與高第一直以來的風格相同，這也是他最擅長的一種設計。同時他也盡量讓陽光能夠從各種角度照亮教堂，因為光亮屬於上帝，象徵著上帝進入教堂。

來到聖家堂，可以看見每個小細節裡都有著高第的巧思，他將生活與信仰完美結合，讓人感受到上帝與他的子民同在。

其實聖家堂並非是主教座堂，但教宗本篤十六世於二〇一〇年十一月七日造訪此教堂時將其冊封為宗座聖殿（Basilica），

高第安眠的地下墓室

那時才有宗座華蓋（Umbraculum），象徵天主教宗座聖殿的頭銜。

目前聖家堂的三個立面裡就剩榮耀立面還未完工，在教堂的內部可以看見未來榮耀立面的大門，上面使用了五十種語言刻成的福音書，令人相當期待完工後的樣子。

聖家堂融合了高第前期與後期的創作風格，同時也是他所有作品中規模最大、投入心血最多的一個。在這裡可以看見高第將他的理念多元的呈現，處處皆與宗教和大自然有關，這也是世界上唯一一個還未完工就被列入世界文化遺產的建築！

我坐在中殿前，靠近聖壇的地方有四根粉紅色的柱子，柱頭上可以看到四福音的作者，有翼的公牛（路加）、天使（馬太）、鷹（約翰）和有翼的獅子（馬可）；

地下博物館有許多聖家堂設計的資料、模型與手稿

聖壇下方是宗座華蓋，下面有釘著十字架的耶穌。

要離開聖家堂時我忽然有點依依不捨，這裡是高第一生的心血，是他為宗教、為建築瘋狂的證明，他讓我了解到一個人若沒有了信仰，生命如何圓滿？

人生的旅途無關長短，而是在這段旅程當中留下了什麼。

旅伴對我說她在聖家堂裡感動得熱淚盈眶，我也是！

知名導演小津安二郎曾說過：「電影和人生，都是以餘味定輸贏。」

當冰山融化，記憶被沖刷之後，高第的作品仍是那顆恆久不滅的星。

米拉之家的外觀

米拉之家：巴塞隆納最具藝術感的曲線建築

既然來到巴塞隆納，就一定不能錯過高第的建築！高第被喻為「上帝的建築師」，從他設計的作品中可以看見與世俗不同的風格，他將自己天馬行空的想法實際運用在作品上，大膽與瘋狂是當時世人對他的評價，但卻在百年後成為了眾所讚嘆及膜拜的偉大的藝術！如果來巴塞隆納卻沒來一場與高第的約會，那絕對是最大的損失啊！

安東尼．高第（Antonio Gaudí、一八五二年六月二十五日至一九二六年六月十日）出生於加泰隆尼亞自治區，因小時候患有風濕病無法像其他孩子一樣玩耍，於是他便把注意力放在觀察大自然的事物上，為

造型奇特的屋頂

他日後的創作奠定了基礎。年輕時在父親的鼓勵下到巴塞隆納就讀建築系，畢業後也進入了建築業並開始設計出許多知名的建築。

高第被認為是現代主義代表性的人物之一，他的作品色彩強烈、以創新技術結合傳統工藝，從自然界中尋求靈感以及將宗教信仰巧妙融入細節裡，這種獨樹一幟的風格讓他與眾不同，也出現許多追隨者。

我來到了米拉之家（Casa Mila），準備揭開屬於高第的第二張面紗。

米拉之家建於一九〇六至一九一二年之間，當時的富豪——佩雷米拉先生（Pere Milà）非常欣賞高第的另一個建築——巴特婁之家（Casa Batlló），因此委託高第為他與妻子設計一幢私人住宅，這也是高第設計生涯裡最後一個私人住宅。

士兵造型的通風口與樓梯口

我站在格拉西亞大道（Passeig de Gracia）上與普羅班薩街（Provença）的交叉口，米拉之家外觀不規則的牆面猶如波浪般充滿動感，再加上寬大的窗戶與扭曲的鐵條造型欄杆讓這棟建築十分吸睛，遠遠地就能發現它的存在。

誠如高第所說：「直線屬於人類，而曲線屬於上帝」，這也是為什麼在高第的作品中總是能看見他將曲線完美的融入建築中而不覺突兀。

士兵造型的通風口與樓梯口

一九八六年，米拉夫婦去世後，La Caixa de Catalunya銀行買下了米拉之家，現在一樓的空間是舉辦免費展覽的場地，其餘空間都開放給遊客參觀，讓我們得以一覽當時富豪家的瑰麗風采。

米拉之家的動線從屋頂開始，我們搭著電梯直達天台，這裡是米拉之家最精采也是最具代表性的地方，幾乎可以說是整棟建築的靈魂之處！

天台上共有三十個戴著頭盔的士兵造型煙囪，高第將平凡無奇的煙囪化身為搞怪卻又帶著藝術感的作品，讓原本該是無聊的天台搖身一變成為了展覽的場地。

有人說這些奇形怪狀的煙囪就像是外星人的降臨，或是變形的異種，高第將異於常人的想像力發揮在建築上，活潑又幽默的風格正是讓他與眾不同的原因！

可別只是傻傻地站在同一個角度喔，換個方向之後螺旋形狀的造型看上去像是漩渦又像是海螺，如龍捲風又或是盤據的蛇身，想像力與創造力在此能夠無限被放大，而這整個空間裡也幾乎看不到直角與直線存在，無論是海浪、絲帶、裙擺，通通與曲線有關！

除了士兵造型的煙囪之外還有兩個通風口與六個樓梯口，其中的螺旋梯裡甚至還暗藏著水塔呢！

據說當時這棟房子因為造型太過前衛讓米拉先生不甚滿意也對高第頗有微詞。

不過，又有誰能預測得到當初被唾棄的怪建築竟然在百年後被視為高第的經典代表作之一？米拉之家在一九八四年被聯合國教科文組織選為世界文化遺產，甚至被認為是「二十世紀世界上最重要的建築」！

如魚類胸腔的頂樓

有許多建築師也受到高第的影響因而產出很多很棒的作品，如維也納的百水公寓、紐約的古根漢美術館、洛杉磯的迪士尼音樂廳等……

在天台幾乎駐足了將近一個小時，驚訝、讚嘆充斥在每個旅人的口耳間，我們深深著迷於高第獨特的個人風格之下！

而後我們往下一層來到了頂樓，這裡當初作為曬衣場、洗衣間、儲藏室使用，也是整棟建築物的隔熱層，用來調節溫度。頂樓內共有兩百七十個不同高度的拱門支撐著天台與閣樓，走在裡面像是行走在隧道的感覺，雖說設計的起源源自於蛇的骨頭，但我卻覺得更像是大型魚類的胸腔。

頂樓目前作為展示空間使用，內有米拉之家的模型以及設計概念。其中提到因為

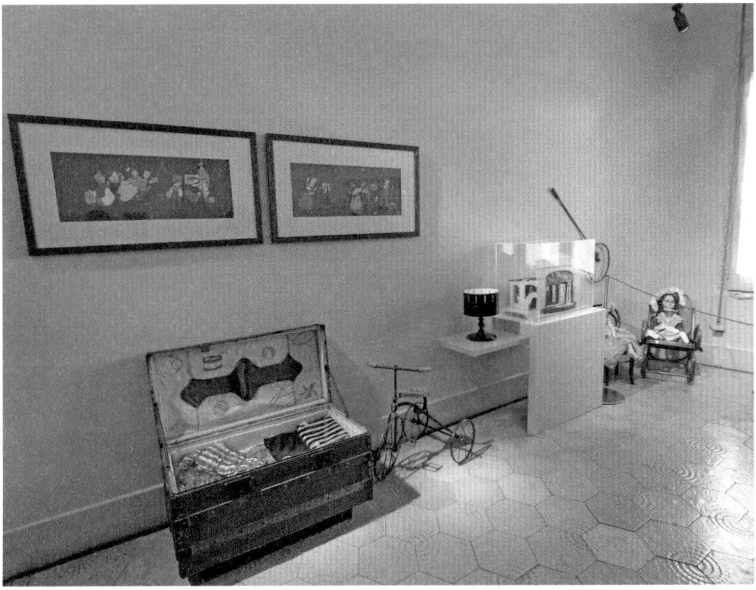

有海洋元素的磁磚，此為兒童房

高第是虔誠的天主教徒，因此米拉之家也有一些宗教色彩，如大樓外牆高處可以看見代表聖母瑪莉亞的「M」，代表玫瑰聖母（Our Lady of the Rosary）和米拉夫人Roser的「R」；一行寫著「Ave - Gratia - M - Plena - Dominus - Tecum」的浮雕則意為「上帝拯救你，瑪利亞，你充滿恩典，上帝與你同在。」

另外，米拉之家的結構主要以柱子來承受建築物的重量，不論內外牆都不具有受重的功能，因此內部可以隨意的更改隔間，挑高樓層，每層的格局都不盡相同，甚至有雙面採光特性，讓光線能夠從四面八方穿透進來。

之後往下走就是米拉之家的展示廳，這裡有著各種不同功用的房間，透過擺設與

暖色系的浴室

辦公廳

米拉之家的廚房

米拉之家客廳

解說高度還原了屋主的生活日常。

米拉之家使用了多種不同建材營造出多樣性的風格，如天台的石灰磚塊、大理石、玻璃，內部空間的灰泥浮雕、手工製作的門扉和家具、雕花磁磚和水晶裝飾等，雖然有人說米拉之家的重頭戲止於天台，但我覺得內部設計與規劃也是充滿巧思！

巴特婁之家：走進高第創造的海底世界與屠龍傳說

同樣位於格拉西亞大道（Passeig de Gràcia）上的巴特婁之家（Casa Batlló）則是高第與其他四位建築師合作改造的作品。

原本的巴特婁之家是一棟建於

巴特婁之家外觀

一八七七年的舊房子，紡織業大亨——巴特婁先生（Josep Batlló）因其地點優越在一九〇三年買下，但因為不喜歡房子的格局，也不願與其他巴特婁家族成員的房屋相似，於是他找來圭爾公園的設計師——高第，希望高第能為他設計一棟全新的住宅。

高第評估過後告訴巴特婁先生房子只需要重新翻修就足夠，於是便在一九〇六年進行重建的工作。

巴特婁之家的外觀與米拉之家不太一樣，正面一根一根的支柱讓人聯想到大型動物的骨骼，又或者是人骨，但上頭卻又貼滿著色彩繽紛的磁磚和彩繪玻璃，這種大膽而衝突的設計似乎是高第的最愛！因此巴特婁之家在當地被稱為骨頭屋（Casa dels ossos）。

漩渦狀的天花板

我們租了一台含語音的AR虛擬實境導覽器，這台機器最大的優勢就是能將早前巴特婁之家內部的佈置以擬真的手法真實呈現在遊客眼前，若沒有租用這台機器，進到房子裡面只會看見一片人去樓空的荒涼，完全無法體會巴特婁之家曾經的絕代風華。

進入大廳後就會立刻發現這完全是高第特有的風格！

面向街道的那面大片落地窗上有著炫麗色彩的玻璃花窗，這些圓圈的花紋像極了貝殼，透過光線的照射有著或深或淺的瑰麗變化，天花板也像是海洋的漩渦，仔細盯著便會覺得好像深深地沉入水中無法自拔。

除此之外還有許多與海洋相關的元素存在，呼應了高第想要將室內打造成海底世界的想法。大廳裡的設計幾乎都為圓弧型，

實境模擬的影像

蘑菇壁爐是客人等待處

像是海底世界的天井

少了線條但卻多了圓潤和諧的感受，這也是為什麼高第的建築總是給人溫暖與希望。

巴特婁之家和米拉之家一樣，最吸引人的地方莫過於陽台和天台。在三樓的陽台也運用了大量的馬賽克拼貼，不論是牆面還是地板花磚都能看到多種圖形變化。

離開了室外陽台之後來到了天井，天井的設計頗具巧思，整個空間裡運用了不同深淺的藍去打造如海洋世界一樣的景象。透過語音導覽才發現原來天井中窗戶的大小是有差別的！靠近上方的窗戶較小，而靠近下方的較大，這是因為上層可接收的自然採光較多，而下層較少，因此才以窗戶的大小去調節採光。

另外，可以發現下層的磁磚顏色較深，上層較淺，試想你在游泳時所看到的畫

馬賽克拼貼的陽台

面，當你潛入水底睜開眼睛，周遭是一片深藍，往上一看則是陽光照射下的淺藍，因此整個天井便是模擬我們在水下往上看的景象，幾乎是百分之百的寫實！

巴特婁之家雖然參雜了大量的海洋元素，但同時也加入了聖喬治屠龍的傳說。樓頂的龍腹（the dragon's belly）便是最佳的寫照！在這裡可以看到高第為巴特婁之家設計了一個懸鏈拱的造型走廊，看上去就像是巨龍腹部內的骨頭。

最後，我來到了天台，在這裡是高第奇幻世界成真的舞台秀場景！每一根煙囪皆使用馬賽克磁磚拼貼成美麗的圖案，將形狀、色彩與想像力巧妙融合；眼前一道彎曲的矮牆象徵龍的背脊，遠看則像是一條巨龍盤旋在此；而旁邊那支像十字架的佈置則代

象徵龍腹的造型拱廊

表著聖喬治屠龍的那把劍！

從聖家堂、米拉之家到巴特婁之家，我只能打從心底讚嘆高第！這位建築師的腦子內充滿著與凡人不同的想法，他的作品不只是與社會大眾所期待的樣式不同，同時還將自然界的事物與傳說融入建築裡，讓原本該是冰冷的建築變得更貼近生活。

走出巴特婁之家我心裡還處於意猶未盡的狀態，覺得這世界還好有高第存在過，感謝他留下了這麼多這麼豐富的作品，讓我們能在不同時空看見偉大的傑作。

從「失敗造鎮計畫」到藝術瑰寶：圭爾公園的前世今生

高第投身建築業之後認識了歐賽比．

圭爾公園與兩棟糖果屋

圭爾（Eusebi Güell）先生，圭爾先生看過高第其他作品後驚訝於他對建築的天分，因此委託高第設計了一系列的墓室、住宅、殿堂等，且不干預其創作理念並成為高第主要的贊助者。

十九世紀末，圭爾先生受到英國花園城市運動的影響想要開發一塊遠離都市的住宅區，地點選在格拉西亞區（Gràcia）的埃爾卡梅爾（El Carmel）山上。原本希望利用此地清新的空氣與優美的景觀吸引投資者，沒想到因為地點離都市太遠不被其他投資者青睞，原本被規劃為六十戶的花園住宅最終只完成兩戶，其中一戶還是由高第買下，這個被戲稱為「失敗造鎮計畫」的就是圭爾公園！

走進圭爾公園（Pargue Guell）首先看見的是拱型迴廊，這一段蜿蜒的走廊取用的是當地的石材，每根柱廊的形狀不盡相同，在自然之中呈現出

石造迴廊

古樸的感覺，且完全沒有用到一根鋼樑或骨釘，純粹利用石頭平衡的角度搭建而成，若不細看就像是天然形成的場景！

繼續向前，便來到公園內熱鬧的核心區域——最初被命名為希臘劇院（Teatro Griego），而後改為自然廣場（Plaza de la Naturaleza），廣場設計的目的是為了在此舉辦大型表演並設有觀賞區。弧狀的長椅以符合人體工學的角度設計，中間以圓柱狀的形式攀附在長椅正面，使遊客在倚靠椅背時能支撐背部及腰部的重量，而這個巧思的設計者來自高第的學生！

再往前一看，露臺邊緣有著以磁磚拼貼而成的動物圖樣，而聖家堂與海岸景色全都盡收眼底！在這樣的城市邊緣，午後的陽光掀起銀浪，每一個角落都像一篇扣人心弦的詩，亦真亦幻。

廣場正下方是由八十六根柱子組成的百柱大廳

公園內的人氣大師——高第龍

以符合人體工學角度設計的造型椅

（La Sala Hipóstila），靈感來自於希臘的多利亞柱式。百柱大廳的功能原本規劃做為社區的菜市場，同時也具有導水洩洪的功能。站在百柱大廳內往上看，頂部也有不少細膩鮮豔的磁磚拼貼。據說此空間的音響效果極佳，是音樂表演的好場地！

百柱大廳下方是圭爾公園人氣最旺的一處，這裡有隻被稱為高第龍（Drac Gaudi）的巨型蜥蜴！以希臘神話中德爾菲神廟（Temple of Delphi）的巨蟒為靈感，身軀同樣以馬賽克磁磚拼成，牠是公園內重要的排水系統之一，是圭爾公園的地標、巴塞隆納的吉祥物，明信片上也常常以它的圖樣作為主題！

在正門入口處有兩棟形似糖果屋的建築，這是高第以格林童話——「糖果屋」為靈感而設計的，白色的屋頂就像覆蓋著一層白白的糖霜。這兩棟房舍原本是門房和搬運工的住所，現在一棟是博

露臺與百柱大廳

物館，一棟則為紀念品專賣店。

圭爾公園的總面積約為十七公頃，採用自然主義並配合地形來規劃。園區內使用了大量的馬賽克、粗石以及被稱為特倫卡迪斯（Trencadís，註5）的瓦片來做裝飾。

圭爾公園和高第其他作品不同的地方在於它是一個公共式的空間，結合了公園、廣場、住宅等功能，在一九二六年時成為公共公園對外開放，一九八四年成為世界文化遺產。園內不僅有建築藝術，同時也是鳥類及昆蟲的復育棲息地。

這座當初被棄如敝屣的塞外之地如今搖身一變成為巴塞隆納最紅的景點之一！

註5：Trencadís 是加泰隆尼亞語「破碎」的意思，由黏合在一起的瓷磚碎片和破碎的瓷器製成的馬賽克，屬於民間藝術的一種。

酒吧、天空與波浪，穿越中世紀與現代之城走讀
——巴塞隆納（下）

聖保羅醫院全景

巴塞隆納的歷史與起源

巴塞隆納（Barcelona）位於伊比利半島的東北面，濱臨地中海，是加泰隆尼亞（Catalunya）的首府和巴塞隆納省省會。

加泰隆尼亞曾是希臘和迦太基人的殖民地，羅馬共和國擊敗迦太基人後，加泰隆尼亞成為羅馬帝國塔拉哥那行省（註6）的一部份。

而巴塞隆納這座歷史名城便是古羅馬人所建，相傳兩千多年前有一支商船抵達今天的巴塞隆納沿岸，其中第九艘船的人選擇上岸定居，「巴塞隆納」一詞即是從古羅馬語第九艘船（Barca Novena）衍生而來。另一個較為有趣的說法是若將「Barcelona」一詞解構，便會得到

醫院地下通道以及牆上的動態影像

酒吧（BAR）、天空（CEL）和波浪（ONA），說明了市區無所不在的酒吧、夏季清朗的天空和迷人的海岸景色。

聖保羅醫院：從醫療聖地到文化中心

其實巴塞隆納有名的不只有高第的建築，但或許是高第的名氣太過響亮，在有限的時間之下只能捨棄其他建築師的作品，聖保羅醫院（Recinte Modernista de Sant Pau）便是我前一次的遺珠……

聖保羅醫院的主體群創建於一四〇一年，當時巴塞隆納共有六家財政困難的小醫院，在教皇的同意之下這六家醫院合併成為了聖十字醫院，這是歐洲甚至是全世界最古老的醫院之一。然而到了十九世紀末期醫療人口增加，原本醫院的空間及設備逐漸不敷使用，於是醫院的董事會便找上多明尼克（Lluís Domènech i Montaner）來重新設計能夠容納更多病患的醫院。

多明尼克與高第、普意居（Josep Puig i Cadafalch）合稱為加泰隆尼亞現代主義建築的三傑。新的醫院在一九〇二年開始興建，於一九三〇年落成，為了紀念出資的銀行家——保羅吉爾（Pau Gil）而改為聖保羅醫院。

多明尼克原本規劃了四十八棟建築，但最後只有二十七棟完工。二〇一四年開始做為博物館和文化中心對外開放。

來到聖保羅醫院前，大量的馬賽克磁磚、造型花窗及亮眼的色彩是我對它的第一印象，生動活潑的外觀令人怎麼也猜不到它會是一座醫院，且一直使用到二〇〇九年！

參觀的動線從地下室開始，這裡是規劃給救護車將病患直接送進醫院的通道，除了保有病患的隱私之外也能在下雨天時避免患者淋雨而再次感染。醫院內的每棟建築物都靠著這些地下通道連接，當病患抵達醫院時便將他們送往相對的科別診治。

通道內的放映機播放著擬真的醫院場景，忙碌的護士、痛苦的患者以及病房內的動態全都寫實

註6：塔拉哥那行省是羅馬帝國在伊比利半島的三個行省之一，包括西班牙北部與東南部以及巴利阿里群島（Balearic Islands）。

像萬花筒的穹頂

的展現在眼前，好像親身參與了一場醫院內的日常百態！

聖保羅醫院：色彩與光影的藝術空間

醫院以十字架的形式做為空間排列，正中間獨立的手術室即是十字架的交會點，象徵著醫院最初的精神。我瀏覽著櫥櫃裡每一件關於醫療的器具，聽診器、血壓計和針筒，都像那個時空裡凝固的過去，透露著某種關於醫院日常的祕密；而精雕細琢的牆面花飾和滿目琳瑯的多彩磁磚則給予患者另一種生命的期待。

一幀幀的舊照片溫柔地訴說著往日的故事，讓寂靜充斥的空間裡餘音裊裊。在醫

聖保羅醫院內的建築

院開放的建築物裡許多地方都有著彩繪的拱頂，算不上華麗繽紛但卻細膩溫暖。仔細一看，這些圖樣大多是花卉植物，原來建築師多明尼克最擅長的除了用彩色玻璃創造出自然光的效果外，同時也會將大自然中的花草大量融入作品中，因此又有著「花之建築師」的美名！

相比於高第作品偏向前衛、創新且強而有力的感官刺激，多明尼克更喜歡用暖色系的創作元素，在舉目所見之處都能感受到一股堅定溫柔的力量。

我想，或許醫院不該只是冰冷的病房，同時也可以是充滿希望與陽光的樂園吧！

在聖保羅醫院裡的每扇窗、每道牆、每個轉角都有翻騰的光影藏在其中，足夠讓

最美的長廊

人端詳很久很久。從聖家堂的繁複華麗再到聖保羅醫院的大方優雅，兩種截然不同的感受但一樣讓人印象深刻。

醫院群以紅磚建築為主，並以馬賽克妝點其中，每棟建築中間以花園和綠地點綴，風格也不盡相同；建築內部皆有良好的採光與通風，再加上精心設計的風格讓醫院不再是冰冷晦澀的地方。

走進原是外科手術室的藝文展示廳，內部天花板拱頂以大量磁磚鋪成，磁磚上頭還可以看見代表著醫院的十字圖樣及玫瑰花磚。挑高的設計讓人減緩進入到手術室時的緊張及壓迫感，而從上頭穿透進來的光線讓整體色調和諧而迷人。

再往裡走，寬敞的空間內可以容納二十八張病床，環顧四周，粉紅色的磁磚在

粉嫩風格的女性病房

充滿特色的玻璃花窗

淺綠的色系裡顯得粉嫩動人，原來這充滿著少女心的病房曾做為女性病房使用！

可別以為這樣就結束了，大門進來後的第一棟建築為行政中心，這個空間裡曾有辦公室、檔案室、值班室、病人檢查中心、登記入院處等，算是一棟綜合性大樓，也是聖保羅醫院建築群裡規模最大的一個！

行政中心的旋轉樓梯上方有一座巨大的彩繪玻璃拱頂，多明尼克利用自然的採光營造出色彩斑斕的效果，這也是他最擅長的風格之一！

我站在拱頂下仰望，想起曾經有人說過生活的色彩要由自己創造，而儀式感也需要從色彩中變化。人生若沒有色彩作調和，那些瘋狂的、奔放的、難忘的最終也將失去共鳴。

行政中心內的另一側長廊被喻為聖保羅醫院內最美、最具藝術感的地方！

這條長廊使用了大片的落地窗引入大量光線，天花板上的花草磁磚型態各異，因為以金黃色為主調，當陽光灑落時，整條長廊顯示出一種金碧輝煌的視覺效果，映襯著無法言喻的美麗。

我徜徉在光影婉約的無人長廊裡，時間彷彿停滯了，心跳也慢了下來。

聖保羅醫院給人一種悠閒緩慢的感覺，在一九九八年時與多明尼克的另一個作品——加泰隆尼亞音樂宮一同被聯合國教科文組織列入世界文化遺產中。

巴塞隆納老城的永恆詩篇

哥特區（El Gòtic or Barri Gòtic）是巴塞隆納老城的中心，以蘭布拉大道（La Rambla）和萊埃塔納大道（Via Laietana）兩條大道框出的區域為主，大部分的建築物從中世紀時期時就保留下來，有些甚至能追溯到古羅馬時期！

正值烈日時分，炎夏的日光曬得萬物宛如都蒸發了，時間在哥特區錯綜複雜的小巷弄裡緩慢推移。久遠的石造建築頑固剛強，在穿越光年的旅行後，彷彿從此永久擱淺在流動的歲月之外。

漫步至海洋聖母聖殿（Basílica de Santa Maria del Mar）前，這聖殿建於一三二九年至一三八三年間，當時正值西班牙開始擴張海外殖民地以及海上貿易逐漸興盛的時期，加泰隆尼亞人為了祈求出海能一帆風順於是便興建了這一座教堂，如同華人的守護神——媽祖。

海洋聖母聖殿建造時得到許多平民的支持，隱身在狹窄街道裡的它有著高聳的石柱、三座中殿和玫瑰花窗，窗上以彩色玻璃拼出聖母圖，而每塊玻璃都描述著一則關於聖母的故事，最後匯集成一個巨大的圓。內部樸素的拱頂由八角狀的柱子支撐，光線則從上頭的天窗灑落，讓教堂內顯得沉穩莊重。

這座教堂被譽為巴塞隆納最完美的哥德式建築，代表著西班牙強權時代的來臨。但所有的興盛和衰弱都是必經，帝國的榮光隨著殖民地的獨立、其他強勢國的崛起以及內戰爭鬥而逐漸掩埋在潮汐

海洋聖母聖殿

的進退之中。

年代久遠的哥特區不斷地給我一種頹廢的憂鬱感，石板鋪就的街道、轉角風霜的教堂和鏽蝕的鐵窗是時光最溫柔，卻也最殘忍的印記。我走在不能後退的時空軌道裡，耳旁卻盡是千年前歷史的低吟。

走過哥特區狹窄的街道，彷彿有某種無形的召喚，將人引向下一個歷史的坐標。

偶然遇見的奧古斯都神殿（MUHBA Temple d'August）藏在一條寂靜無聲的巷弄中被尋常的民宅掩蓋，輕輕地推開早已斑駁的木製大門，赫然發現神殿就在眼前！

奧古斯都神殿是羅馬統治時期神廟的所在地，用來祭祀羅馬皇帝——奧古斯都。神殿位於城市內最高點的塔貝爾山（Mons Taber），因此入門前的小牌子上還可以看

奧古斯都神廟

見16.9M的標誌。此處是當時城裡重要的公共建築所在地，如大教堂、元老院以及市場。

神廟建於西元前一世紀，原本有六根圓柱圍繞著整座建築，裡面有一座小型的中殿存在。神廟一直使用到西元四世紀，直到羅馬帝國衰弱和基督教的興起才被拆除，而後於十九世紀末發現它的遺跡。二十世紀初期，由聖保羅醫院的建築師——多明尼克開始進行修復工作，中期再由阿道夫佛羅倫薩接手（Adolfo Florensa）。

我很驚訝神廟裡竟然一個遊客都沒有，一旁牆上有著關於神廟的歷史和修復的史蹟資料。我坐在前方的台階上靜靜地看著四根巨大高聳的圓柱，圓柱上的裂痕、殘缺一角的石塊和青苔都顯示出神廟早已歷經了

充滿地中海風情的皇家廣場

幾十個世紀的物換星移，它的神聖及使命在歲月的消磨裡沒有了立足的面積，孤獨的數著無數個暮靄晨曦，擁抱著早已風化破損的殼。

在皇家廣場與蘭布拉大道間漫遊

下午四點半，豔陽被薄雲過濾成輕柔的淡黃色，每一縷落在人間的光都有種純淨的溫暖。

我走到了建於十九世紀中葉的皇家廣場（Placa Reial），這裡曾是巴塞隆納和亞拉岡王國君主的宮殿，中世紀後成為亞拉岡王宮的中心廣場，許多重要的集會活動都在此地舉行。

蘭布拉大道一景

一八三五年時，巴塞隆納有許多宗教建築因產權歸為國有而消失，原本位於此地的修道院也因此原因被拆除而留下了一大片空地。幾年後，建築師法蘭西斯柯．莫利那（Francesc Molina）為了歌頌君主制設計了一個豪華的廣場，當時的國王斐迪南七世（Ferdinand VII）打算在廣場上建造一座騎馬雕像以示永恆，但雕像後來沒建成，取而代之的是三女神噴泉。

高大的棕櫚樹點綴著皇家廣場，讓廣場洋溢著一股濃烈的地中海情調；有著美麗迴廊的建築圍繞著廣場，它們曾是巴塞隆納望族的住宅，這種典型的西班牙廣場如今則做為酒吧及餐廳的營業場所。

但廣場上吸引人的卻不是建築或噴泉，而是造型奇特的路燈！

哥倫布紀念碑

高第在取得建築師執照後的第一份工作便是為廣場設計路燈，這兩根路燈倚靠著噴泉，於一八七九年完成，頂部有一頂帶著翅膀的頭盔和一條龍。當時還沒沒無聞的高第早已顯露出與眾不同的創意與風格，也奠定了他日後在建築上的成就。

皇家廣場旁即是著名的蘭布拉大道（La Rambla），「蘭布拉」一詞在加泰隆尼亞語及西班牙語裡為乾枯的河床或旱谷，此街原是市區溪流的河道。大道由五段街道組成，全長共一點二公里，連接著加泰隆尼亞廣場和哥倫布紀念碑。這條曾被譽為是「世界上最美麗的大道」兩旁有著眾多廣場、教堂、宮殿和各個歷史久遠的建築，每到下午時分更是每個街頭藝人使出渾身解數比武的場合！

我們從皇家廣場切入蘭布拉大道的嘉布遣街（Rambla dels Caputxins），這路段得名於方濟嘉布遣會的修道院，高第設計的圭爾宮（Palau Güell）也在此路段附近。

寬闊的街道上人聲鼎沸，我循著音樂聲前進，一座逼真的人體音樂盒正機械式地緩緩轉動、一隻有著尖牙利爪的巨型猛獸張開了雙翼準備飛翔、渾身纏滿繃帶的木乃伊跳著滑稽的舞步令人發噱！這些專業級的街頭藝人是蘭布拉大道上另一個特色，讓遊客大為驚奇！

從凱旋門的摩爾風情走向濱海的浪漫詩意

午後時分，我來到了巴塞隆納的凱旋門前。這座紅磚式的凱旋門（Arco de Triunfo）是現代主義建築師——卡薩諾瓦斯（Josep Vilaseca i Casanovas）的作品，一樣是為了一八八八年巴塞隆納世界博覽會而建。摩爾式風格的它在前面的門楣上雕刻有「Barcelona rep les nacions」，意思是「巴塞隆納歡迎各國」；凱旋門的頂端裝飾著西班牙各省的省徽，另有多位知名建築師的雕塑顯現其中。

這座醒目的建築融合了古羅馬、伊斯蘭及哥德式建築的特色，做為世界博覽會入口的大門具有獨特的風格魅力，與巴黎的凱旋門也有幾分相似之感。

過了凱旋門後便會抵達城堡公園（Parque de la Ciutadella）。城堡公園成立於一八七七年，因菲利浦五世（Felipe V）一七一四年在這裡建造了一座城堡而得名。

我們沒有在公園停留太多的時間，而是往海灘加速前進！

說來有趣，其實當初對巴塞隆納產生印象不是因為高第的作品，而是朋友傳來一張上空裸體的遊客，拍攝的地點即是巴塞隆納！

儘管巴塞隆納有著豐富的歷史和知名的建築，但它的海岸線景觀也十分迷人。這些海灘共計有七處，總長四點五公里，沿岸遊人如織，且所有海灘皆對公眾開放！

慵懶地仰躺在沙灘上，迎面的風如熱浪澆灌著這座城市，那是流動在濱海之地的潮濕，而雪白的浪花像輕柔的羽毛漂在海面，揮灑著咫尺天涯的美麗。

忘記待了多久，給自己留了不可計算的空白，直到薔薇色的夕陽將雲靄染成了一片深紅。

巴塞隆納凱旋門

人潮滿載的沙灘

佛朗明哥之夜，遇見卡門

——塞維亞

塞維亞的街景

從塞維亞歷史到佛朗明哥的哀歌

從巴塞隆納到塞維亞需要六個小時，抵達塞維亞時白晝正在隱退，整座城市都浸在柔和的光裡；陽光還是耀眼的，只是遙遠的天空裡有幾個蒼白的星點開始閃爍，我在一天最美好的時分裡抵達，迫不及待地想要捕捉這一個逐漸軟化溫順的黃昏。

塞維亞（Sevilla）這座城市的最初只是一個位於瓜達幾維河（Guadalquivir）左岸的半島，羅馬軍隊在西元前二〇六年時擊敗了占領此地的迦太基人，並在距離塞維亞不遠處建立了一個羅馬城鎮。西元前一世紀中葉左右，此地開始有了商業活動並出現城牆和廣場，百年以後城市地位逐漸提高。

塞維亞曾歷經西哥特王國和卡斯蒂莉亞王國政權的統治，一四九二年哥倫布發現美洲大陸後，塞維亞成為了西班牙帝國的經濟中心，從新大陸運來的黃金、白銀經由塞維亞運輸至歐洲各地，控制著財富的塞維亞在當時盡顯繁榮！

今日，塞維亞已是西班牙第四大的都市，僅次於馬德里、巴塞隆納、瓦倫西亞，也是西班牙安達魯西亞自治區和塞維亞省的首府。

和其他西班牙城市不同的是這裡充滿著羅馬、西哥特人和摩爾人風格的建築，異域風情讓它多了與眾不同的韻味。

佛朗明哥（Flamenco）是一種起源於安達魯西亞的藝術表演，一四九二年卡斯蒂莉亞的女王伊莉莎白一世和夫婿斐迪南二世征服了格拉那達後，等同宣告摩爾人在西班牙的最後一個堡壘被瓦解。

為了使摩爾人及猶太人和平相處，王室一開始採取了宗教寬容政策，但後來伊莉莎白女王和費迪南二世被宗教裁判所說服，強迫摩爾人和猶太人都必須皈依基督教，若有不願就得離開西班牙，於是在此政策下導致許多摩爾人、猶太人、羅姆人離開家鄉逃往鄉下，在貧瘠之地繼續低調地延續他們的文化。

「佛朗明哥」一詞便是西班牙阿拉伯語中「逃亡的農民」，也被視為基督教統治者的迫害，他們將這種悲憤、痛苦的情緒藉由歌唱傳誦下來，這也是為什麼佛朗明哥的歌聲和舞蹈總是充滿著哀愁、憂傷、抵抗等強烈的情感表達。

佛朗明哥

佛朗明哥最初的表演形式只有清唱，後來加上了伴奏、拍手、踢踏，最後更將舞蹈融入其中。每種音樂形式都有自己的節奏，沒有固定的動作，屬於一種即興舞蹈。

二〇一〇年十一月十六日，聯合國教科文組織宣布佛朗明哥是人類非物質遺產的傑作之一，西班牙政府也將佛朗明哥宣傳成西班牙的特色文化，直到今日，佛朗明哥已成為來到安達魯西亞地區非看不可的表演了！

塞維亞皇家煙廠與《卡門》風華

塞維亞的氣候乾燥炎熱，而七月是高溫肆虐的季節，走在沒有一塊陰涼地的大街上，令人無法躲避的酷熱是屬於夏日的

皇家煙廠

煩躁。天空還是透著清澈的藍，我乘著熱浪一路往塞維亞大學（Universidad de Sevilla）前進。

塞維亞大學成立於十六世紀初，當時叫做聖馬莉亞耶穌學院（Colegio Santa María de Jesús），學生超過六萬五千人，同時也是西班牙的最高學府。但我來到此地不是為了參觀學校，而是為了一睹《卡門》故事的發生地——皇家煙廠。

皇家煙廠約建於十八世紀，以石砌打造而成，是歐洲第一家煙草工廠的總部。一四九二年，西班牙船隊抵達美洲後發現了煙草植物，於是便將它帶回西班牙深入研究。當時的塞維亞以貿易之家（Casa de Contratación）的姿態做為新大陸物品的集散地，不僅成為西班牙境內的富饒之地，多種新型態的商業活動也如雨後春筍紛紛展開。

一六二〇年，塞維亞出現了一家由外國人經營的小型煙草工廠，小工廠倒閉後又搬到位於城牆外的新工廠繼續生產，並改名為舊皇家煙廠（La Antigua Fabrica de Tabacos）。

由於煙草是門特別的生意，西班牙政府嗅到財富的味道，於是逐步將煙草改為國家專賣，藉由壟斷增加國庫的收入。

煙廠的防衛非常森嚴，建築內除了有監視塔以及關押走私犯的房間之外，煙廠周圍還挖了一條壕溝將煙廠圍起防止偷運煙草，但也有一說壕溝有洩洪的功用，能阻斷河水發洪時淹沒煙草。

十七至十八世紀時，在煙廠工作的全為男性，但十九世紀後有人認為女性的生產力更高，於是女性便取代了男性成為煙廠的主要勞動力。普羅斯佩梅里美（Prosper Mérimée）的文學代表作——《卡門》（Carmen）即是以這裡為故事背景。

時間：十九世紀中葉、地點：塞維亞煙廠

女工卡門在工廠打架滋事被捕入獄，而後她使出渾身解數勾引看守她的士兵荷西，荷西雖然已有未婚妻但卻禁不住誘惑釋放了卡門。隨著愛意漸濃，荷西拋棄了未婚妻，但生性放蕩不羈的卡門卻愛上了鬥牛士埃斯卡米洛並和他訂婚。

某天，荷西去看望病重彌留的母親之後在大鬥牛場外遇見了卡門，他希望卡門回心轉意卻遭受無情拒絕。丟了軍職，跑了未婚妻的荷西不甘心被玩弄，憤而殺死卡門……

法國作曲家喬治比才（Georges Bizet）於一八七四年將此小說改成歌劇，但因為劇情中的背叛、謀殺以及濃厚的女性主義色彩與當時社會保守的民情不同，於是在首演當天就以失敗收場。原本預計演出四十五場，最後只演出了三十三場，比才更因抑鬱引發心臟病身亡……

比才死後的十年，《卡門》才獲得國際讚譽，比才更被評為才華洋溢、風格獨特的作曲家，這部作品成為歌劇界裡最受歡迎和最常上演的劇作之一！

比才怎麼也想不到在法國不受青睞的作品竟成為他一生中最偉大的創作。

黃金塔的盛世與孤寂

烈日曝曬下的塞維亞乾燥不已，沿著阿方索十三世運河（Canal de Alfonso XIII）一直走，河景裡也是一片晴空萬里。

黃金塔（Torre del Oro）建於一二二〇年摩爾人統治時期，屬於軍事瞭望塔，共計有十二個面，每一面代表一個方位，塔裡的守衛從這裡監控進犯河港的船隻，同時控制著瓜達幾維河和塞維亞之間的水路。

西班牙發現新大陸後，從美洲載回滿船寶物的船隻便在這裡停留，它是黃金、白銀、珠寶的儲存所，見證了西班牙海上傳奇的時代！

已沒有金箔的黃金塔

「黃金塔」因其外觀貼滿金箔而得名，曾做為監獄、郵局和倉庫，現在則是航海博物館。

細看黃金塔的造型發現它實際上分為三層，最上層的圓形建築是一七六〇年才重建的樣式。我越過馬路走到黃金塔前，金箔早已不復在。它是捍衛海上強權的堡壘，穿越幾百年歲月的滄桑，孤傲地挺立在運河邊彷彿還對盛世頻頻回首。

西班牙鬥牛場的狂熱與血色回憶

約莫是正午一點整，氣溫來到了三十九度，驕陽似火，空氣裡滿盈著被烤焦的氣味，路上的行人寥寥無幾，那股熱浪緩

塞維亞鬥牛場的外觀有點古怪滑稽

慢地煎熬著人的意志。我快速躲進塞維亞鬥牛廣場（Plaza de toros de Sevilla）。

西班牙鬥牛（Corrida de toros）是一種由古代狩獵演變而成的運動，中世紀開始，每當王室加冕、婚宴或戰爭勝利時，王宮貴族便會舉行此活動。這一項人與牛鬥的競技甚至可以追溯到史前時代！十八世紀後，鬥牛成為了民間傳統的娛樂，流行於西班牙、葡萄牙以及拉丁美洲地區。

鬥牛被視為西班牙的國技，甚至有鬥牛學校專門培訓鬥牛士！

我曾經在電視轉播上看過西班牙鬥牛，尚未進到競技場前鬥牛士會先在牛背插上一把利刃試圖激怒牠，接著讓牛隻進場狂奔，待牠力竭之後鬥牛士就進場，接著再拿一根長槍往牛背深深一刺，流著血的牛隻以

歷代鬥牛的海報

為鬥牛士拿著的紅布就是傷害牠的敵人，便橫衝直撞地往紅布攻擊，而在過程中也會視情況再次使用長勾、長槍等武器，等到牛隻筋疲力盡，奄奄一息之時，拿起長劍從背部刺向心臟或肺臟，讓牠慢慢流血致死……

而鬥牛士便趁此時割下牛耳，拖著牛隻或高舉牛耳以示勝利。

鬥牛士的經驗以及技巧是整場競技輸贏的關鍵，因為大意或技巧不佳而在鬥牛場上受傷或死亡的鬥牛士大有人在。近幾年有越來越多的民眾、動保相關團體極力反對鬥牛，除了鬥牛士的人身安全之外，每年至少有一萬頭以上的牛隻被殘忍殺害，這種野蠻殘忍的活動既過時又不人道。但有些民眾則認為這是一項歷史悠久的傳統，不應廢除。

塞維亞鬥牛廣場是西班牙歷史最久、

規模最大、最著名的鬥牛場，一七三三年時還是木造建築，前後共花了一百二十年改建擴大，以環形取代矩形的場地，至今可容納一萬兩千五百名觀眾！

塞維亞鬥牛場是西班牙境內少數還能看到鬥牛表演的地方，不過當天我們抵達的時候鬥牛場並沒有節目可以觀賞，但就算有，我可能也不敢看……

鬥牛場內還有一座鬥牛博物館（Museo Taurino），呈列了鬥牛士的歷史資料、服裝以及畢卡索親筆畫的鬥牛士披肩。我來到一旁的紀念品店，除了販賣關於鬥牛的周邊商品外還展示了不少歷屆的鬥牛海報。

在《卡門》小說裡，此地也是卡門被荷西殺害的地方，鬥牛場的對面還能看到卡門的雕塑。

塞維亞大教堂的百年變遷

我們打的主意是這樣的，趁著中午用餐時間前往塞維亞大教堂（Catedral de sevilla）參觀以避開人潮，於是頂著一頭烈日，迎著瀰漫的熱浪前往教堂，卻沒想到那排隊的人龍蔓延了數百公尺，幾乎看不到盡頭！

塞維亞大教堂名列世界五大教堂之一，僅次於梵蒂岡的聖彼得大教堂、米蘭大教堂，甚至比佛羅倫斯聖母百花大教堂及倫敦聖保羅大教堂還大！

因為太過巨大而難以全景拍攝的塞維亞大教堂

大教堂的原址是一座清真寺，一一九八年時便已存在，一二四八年後變成天主教的教堂。十五世紀時教堂進行擴建，於十六世紀完工後成為世界第一大的哥德式教堂，在一九八七年時列入世界文化遺產中。這裡不僅是西班牙規模最大的教堂，也是塞維亞的城市地標、哥倫布長眠之地。

我們排在鼓譟的人群裡，沸騰的溫度連帶著情緒也逐漸高漲，半小時過後我與旅伴決定先沿著教堂外圍參觀。

大教堂占地廣闊，共有十五個出入口，內部更有高達八十座的禮拜堂！眾多宗教浮雕、銅像細膩地刻在教堂外部，除了哥倫布之外，還有斐迪南三世及其皇后、阿方索十世等國王埋葬在此。

吉拉達塔（La Giralda）是大教堂的鐘

聖克里斯托瓦爾門（Puerta de San Cristóbal），前面有一尊塞維亞勝利女神 Giraldillo 的銅像複製品

樓，由一個四方型的稜柱體所組成，這是清真寺建築中僅存的一部份，約建於一一九八年，原做為宣禮塔使用。當天主教取回這塊被摩爾人占領的失土後便將原本的圓頂改成天主教的尖頂，一五六八年時又添加了文藝復興式的裝飾。

吉拉達塔的總高度約一百〇四公尺，塔頂有一座重達一千五百公斤的青銅像風向標，這就是塞維亞勝利女神——Giraldillo 的真品。

吉拉達塔的摩爾風格味非常濃厚，無論是拱門或是牆面都帶有異國紋飾的花紋雕刻，塔頂上還有二十八個大鐘至今仍為塞維亞的居民報時。塔內有一條圓形的坡道，當初設計為國王騎馬繞行的坡道，現在則開放給遊客登塔參觀。

塞維亞大教堂與吉拉達塔

不過最後我們仍然沒順利進到教堂，但給旅行留下一點小遺憾也很浪漫。

傾城暮色：西班牙廣場的最後光輝

伴著輕盈的腳步，黃昏悄悄地從地平線盡頭襲來，古舊的城市像被上了一層油，露出傾城的暮色。

來到塞維亞之前，我在網路看過一張桌面背景圖，一條清澈閃亮的運河圍繞著半月形的廣場，磚紅色的塔樓、長廊、拱門在夕陽中燃燒成一種熱情的紅；幾座橫跨在運河上的橋樑貼著精緻的磁磚，當橘紅色的雲朵倒映在河面，整座廣場顯得韻味深長，那正是西班牙廣場！

黃昏時的西班牙廣場

因此，我將西班牙廣場安排在塞維亞的最後，想要捕捉夕陽西下時那一抹最美的永恆！

西班牙廣場（Plaza de Espana）位於塞維亞最大的公園——瑪莉亞路易莎公園（Parque de María Luisa）的邊緣，當時是為了因應一九二九年舉辦的拉丁美洲博覽會而建，展覽的目的是與其前美洲殖民地建立象徵性的和平，以此地當作西班牙工業和技術的展館，並融合了文藝復興式和摩爾式的風格。

廣場的設計師是阿尼巴爾岡薩雷斯（Anibal Gonzalez），他將受文藝復興啟發的風格和城市典型的元素結合，如當時西班牙最流行的裝飾藝術——馬賽克拼貼和彩釉磁磚等大量融入建築中，無論是噴泉、涼亭、長廊還是拱門都能看見色彩斑斕的裝飾。兩座巴洛克風格的高塔分別立在廣場兩端，護城河上以四座橋樑連結著建築，代表著古代的四個西班牙王國（註7），而橋身上精緻的磁磚更是讓人驚嘆！

我在蜜色的黃昏裡抵達，落霞的金輝早已傾瀉在廣場上，幾艘小艇划著一池的紅彤色，陶醉在落花流水間。坐在噴泉旁，馬車的踢踏聲迤邐悠長，時刻變換著的彩霞讓所有景物都像初開的花朵那樣羞澀。

廣場的周圍設計了多個壁龕，每個壁龕代表著西班牙不同的省份，每一幅都是獨一無二的風景，來到廣場的西班牙人都會在自己所屬的省份前留下紀念照。

來到二樓，西班牙廣場的景色就像廣角鏡頭般無所遺漏！

面積約有五萬平方公尺的廣場宮殿將開放空間與建築分開，它不僅雄偉壯觀更優雅迷人，被認為是西班牙最有氣勢的廣場！

漫步在半圓形的拱廊內，餘暉已染紅了半邊天，鐘樓、小橋、運河在逐步下墜的夕陽中顯得迷濛，像一首抒情的詩，吟詠著所有的美不勝收。

我靜靜地等著，一切彷彿都慢慢沉澱下來，當夜幕終於降臨，廣場也歸於沉寂。

註7：四個王國分別為卡斯蒂莉亞、亞拉岡、萊昂和納瓦拉。

chapter 05 / Portugal

葡萄牙

慢漫，漫步在電車噠噠聲中
——里斯本

葡萄牙的六百年時光旅程

古老的電車噠噠地穿越清晨的薄霧，在幽深僻靜的巷弄裡迂迴穿行，翻閱著古老帝國曾有過的榮光史蹟。幾個世紀後，落破的教堂、倒塌的城牆卻在荏苒時光裡慢慢腐朽，我跟著電車用視覺撫摸著歲月的摺痕，諦聽石縫裡頑強生長的呼吸，里斯本的美有一種滄桑，一種看盡世故後的淒涼，在旖旎中參雜著淡淡的哀愁，彷彿囊括了世間所有的憂傷。

我想起帝國的歷史，十五、十六世紀時是葡萄牙的強盛時期，達伽馬在一四九八年抵達印度後進行了香料貿易為國家帶來大量的財富，成為歐洲的經濟強權之一；為西班牙王室服務的麥哲倫則首次環遊世界一周，這些創舉皆為日後的殖民擴張打下一條道路。

葡萄牙是所有歐洲國家中殖民歷史最久、建立最早的殖民帝國，從一四一五年占領西班牙的海外領地——休達（Ceuta）開始，至一九九九年澳門回歸大陸，其歷史長達近六百年！亞洲地區的澳門、印度、東帝汶，非洲的莫三比克、安哥拉，至南美洲的巴西等共計涵蓋了五十三個國家的部分領土。

然而，隨著西班牙、英國、法國、荷蘭等國家崛起，一七五五年的里斯本大地震以及一八二二年時巴西獨立，葡萄牙的輝煌殖民史也逐漸走入尾聲。

貝倫塔的守望

早晨八點，我站在貝倫塔（Torre de Belem）前，這座港口的防禦工事由曼紐爾一世（Manuel I）建於一五一四年至一五二〇年，用來紀念達伽瑪抵達印度。它是葡萄牙航海時代的精神以及經典象徵，無數船隻在此離航與抵達，見證了離合與悲歡。

以白色石灰岩打造的貝倫塔呈L型樣式，共計有五層，塔身有著動植物的石雕、石結等裝飾，融合了摩爾式和阿拉伯式的元素。貝倫塔曾經身負重任，它防禦著港口的安全，塔內設有炮台以及指揮官的住所，但隨著葡萄牙逐漸失去海上霸權的地位後，它變成了電報站、燈塔、監獄等等用途。

一九八三年貝倫塔列入世界文化遺產中，二〇〇七年更被選為葡萄牙的七大奇蹟之一！

走過吊橋進入貝倫塔，沿著階梯拾級而上，里斯本美麗的港口風光便在眼前展現，遠處連接著里斯本和阿爾瑪德（Almada）的四月二十五日大橋（Ponte 25 de Abril）及大耶穌像（Santuário de Cristo Rei）都在薄霧中若隱若現。

太加斯河靜靜地流著，反射著蒼穹的無邊與藍，在漫長與孤獨的歲月裡，只有它看破了紅塵。

里斯本的復古路面電車

貝倫塔

葡萄牙帝國的偉大航海家們

早在哥倫布、達伽馬與麥哲倫之前，葡萄牙便有一位著名的航海家，他透過一系列系統性的研究和探勘找出新航路，與其他大陸進行商業貿易、建議他的父親——約翰一世（João I）征服摩爾人占領的休達，並創立了世界上第一個航海學校、天文台、圖書館等，利用航海科學和技術不斷灌注新的知識，培養專業人才，成為日後葡萄牙擴張領土的核心人物，他即是恩里克王子（葡萄牙語：Infante D. Henrique）。

發現者紀念碑（Padrão dos Descobrimentos，又稱航海紀念碑）距離貝輪塔不遠，是為了紀念恩里克王子逝世五百周年而建。紀念碑高約五十二公尺，外觀像極了一艘即將揚帆的船，碑身兩側刻滿了葡萄牙傑出的航海家、傳教士、科學家、飛行員等，以表彰他們對葡萄牙的貢獻。

紀念碑所在的位置也是十五、十六世紀大航海時代葡萄牙艦隊出海的地方！

細看紀念碑並對照著網路解說，站在船頭第一位的即是恩里克，他右手拿著輕帆船，左手拿著地圖；左邊數來第三位是達伽瑪，第六位為麥哲倫，第十二位是迪亞士。

紀念碑的背面有一把巨大的寶劍，有一說是象徵宗教信仰的十字架，左右兩側上方都有兩面方形的盾徽。目前紀念碑的內部是展覽館，二樓是觀光層。

純白的紀念碑沒有多餘的裝飾，剛硬決絕的線條透露出帝國強大的野心，看著紀念碑，彷彿走回了十六世紀繁榮富強的葡萄牙。

瓦斯柯達伽馬（Vasco da Gama）出生在葡萄牙錫尼什（Sines），和其他著名的航海家一樣，他自小便對航海展露出興趣。達伽馬的父親曾獲得航海家迪亞士（Bartolomeu Dias）和佩羅・達・科維良（Pêro da Covilhã）航行至非洲的手稿紀錄，並將這些資料整合起來欲開發出一條前往印度的新航線，卻不幸在出發前過世，達伽馬為了替父親完成遺志於是開啟了航海之旅。

一四九七年達伽馬由里斯本經由非洲向印度航行，於隔年五月抵達印度的卡里卡特（今印度科澤科德的舊稱）並在當地進行香料貿易。他是第一個到達印度的歐洲人，為葡萄牙的殖民歷史率先鋪路，同時也是第一個串起非洲與亞洲航線的航海家、探險家。

一五二四年，達伽馬第三次航行到印度，這是他人生中的第四次遠行，卻不幸在印度果阿（Goa）感染瘧疾，不久後病重過世，在當地火化埋在印度科欽（Kochi）的聖法蘭西斯教堂（St. Francis Church），一直到一五三九年才被運回葡萄牙。

聖瑪利亞貝倫教堂（Igreja Santa Maria de Belém）位於傑莫尼洛修道院（Mosteiro dos Jerónimos）內，由國王曼紐爾一世（Manuel I）建於一四九六年。這一座教堂生於葡萄牙的航海黃金時代，內部的微小細節內藏著許多關於航海、基督、神話等符號，除了藝術雕刻、繪畫之外，教堂內還安放著許多名人的石造墳墓，達伽馬即是其一。

發現者紀念碑

探索葡萄牙最正宗的蛋塔

我並沒有去參觀世界文化遺產的傑莫尼洛修道院，只一心想著好吃的蛋塔。

記得十幾年前第一次前往澳門，朋友就大力推薦我一定要試試當地有名的蛋塔。當時的澳門蛋塔創始人安德魯（Andrew Stow）來自英國，他將葡式蛋塔的配方改良，加入了鮮奶油、雞蛋和牛奶，融合了英式和葡式風格開發出全新口味的蛋塔，沒想到頗受當地人及澳門葡人的喜愛，口耳相傳之下一炮而紅，成為澳門著名的小吃，更拓展出海外分店，成功打響名號！

既然有機會來到葡萄牙，那說什麼也得嘗一嘗正宗的葡式蛋塔！

葡萄牙蛋塔最早由傑莫尼洛修道院的

達伽馬石棺

修女發明，當時的蛋白被酒場用來過濾酒類以及服裝漿紗因而留下許多蛋黃。修女們便利用蛋黃為材料製作出許多甜點，蛋塔即是其中之一！

Pastéis de Belém從一八三七年營業至今已將近一百九十年，以蛋塔聞名於全世界，也被認為是正宗葡式蛋塔的發源地。到葡萄牙旅行，蛋塔是一定要吃的美食代表，但滿街的蛋塔店卻不如這間受歡迎！

走進店內，滿目琳瑯的甜點正對著我招手，高朋滿座的人潮更說明了它是貝倫區最受歡迎的餐廳！

我迫不及待地輕輕咬下，蛋塔的邊緣酥脆且透露著微微的焦香，酥脆之中卻又可以吃得出層次！聞起來散發著濃濃蛋奶香的內餡吃進嘴裡有點像蒸蛋，但是比蒸蛋有彈

貝倫區的蛋塔老店

正宗的葡式蛋塔，不得不吃

商業廣場與奧古斯塔街凱旋門

性，酥、香、軟三種層次結合，銷魂到令人忘了自己是誰！

商業廣場與凱旋門：榮耀與繁榮的象徵

再次搭著復古電車返回商業廣場（Praça do Comércio），雲霧早已散去，整片天空盡是清澈的藍，像大地初始般的和諧。

商業廣場位於太加斯河（Tagus river）旁，西元一五一一年時國王曼紐爾一世將宮殿從聖喬治城堡（Castelo de São Jorge）遷至此地的里維拉宮（Paços da Ribeira）而又稱宮殿廣場。廣場面積約有三萬六千平方公尺，被認為是葡萄牙政治權力的歷史象徵。

一七五五年里斯本大地震摧毀了大半個里斯本，里維拉宮也在這場災難中倒塌，接踵而至的海嘯、火災更讓它面目全非……

國王唐約瑟一世（Dom José I）的首相龐巴爾侯爵（Marquess of Pombal）提出了改建的計畫並命名為商業廣場，代表這裡是里斯本的新希望，也期待能帶來經濟的繁榮。商業廣場被認為是里斯本最美的廣場，周圍環繞著市政廳大樓，ㄇ字型廣場中間有一座唐約瑟一世國王的青銅雕像。

面對著太加斯河，商業廣場也曾做為國家的門面，接待貴族、國外元首及重要賓客的到來。

奧古斯塔街凱旋門（Arco da Rua Augusta）位於商業廣場的北端，建於一七五九年，是商業廣場重建的項目之一，由六根十一公尺高的圓柱支撐，正中間則是葡萄牙的國徽。

凱旋門最初被設計為鐘樓用途，但一個世紀後成為了拱門。拱門最頂部站著的是象徵榮耀的女神，拿著「美德」與「天賦」兩頂冠冕，那句葡萄牙文則是「榮耀為天賦和美德加冕」；另有四個人物雕塑，右側是努諾．阿爾瓦雷．佩雷拉（Nuno Alvares Pereira，註8）、龐巴爾侯爵，左側為達伽瑪和韋里亞托（Viriathus，註9）；兩側斜躺的人物則代表葡萄牙兩條重要的河流——太加斯

註8：努諾．阿爾瓦雷．佩雷拉在葡萄牙脫離卡斯蒂莉亞王國中扮演重要的角色，並在二〇〇九年被教宗本篤十六世封為聖人。

註9：韋里亞托是盧西塔尼亞人（Lusitanian）抵制羅馬進軍伊比利半島西南部最重要的領導人。

河和杜羅河（Douro）。

慵懶與美麗：從纜車視角感受里斯本的風采

里斯本的復古電車是街頭一道亮麗的風景，除了路面電車之外還有一條名為比卡升降機（Elevador da Bica）的比卡纜車（Bica）！

比卡纜車是一條連接聖保羅街（Rua de São Paulo）和坎普洛街（Calçada do Combro）的繩索鐵路，從聖保羅街到坎普洛街共向上爬升兩百四十五公尺，沿途是一般住宅區和步行街，在一八九二年對公眾開放之後成為了里斯本的象徵，二〇〇二年時更被列為國家級的名勝古蹟。

推開一扇斑駁深綠的木製大門，黃色的比卡纜車就隱身在此。我們行駛在窄窄的軌道上，沿著天際線細長的軌跡而行，兩旁的老房子有著深深的皺紋，幽靜的氛圍彷如穿越了幾百年的時光。那些雕花的窗已被歲月的藤蔓占據，像一壺釀了很長時間的酒，散發著香醇的氣味。回頭看，太加斯河的河水像一盞明亮的聚光燈，反射著老城舊巷優美的風采。

我覺得里斯本太美了，被時光洗鍊後的神韻讓它呈現出一種慵懶、緩慢、自在的氛圍，不刻意營造先進與繁華，不迎合世俗眼光與期待，在我所到過的歐洲城市中有種難以形容的魅力，我對它的喜愛幾乎是一見鍾情的！

比卡纜車

直達天空的時光機：聖胡斯升降梯

里斯本另一個著名景點很特別，它是一座電梯！

里斯本這座城市建立在山丘之上，因為市區內有許多起伏的街道，行駛在坡道上的電車及纜車因此成為了里斯本的特色，如比卡纜車、Glória纜車及聖胡斯升降梯！

聖胡斯升降梯（Elvador de Santa Justa）是連接著聖胡斯塔街（Rua de Santa Justa）和卡穆爾廣場的（Largo do Carmo）的一座垂直電梯，由巴黎艾菲爾鐵塔的設計師——古斯塔夫（Alexandre Gustave Eiffe）的徒弟羅爾（Raoul Mesnier du Ponsard）設計。

坡度更陡的Glória纜車

聖胡斯升降梯於一九〇二年完工，當時使用蒸汽運作，一九〇七年才改為電力發動。升降梯的外觀屬於新哥德式，高約四十五公尺，內部可搭載二十人，電梯內以木質裝飾，古色古香。

隨著電梯緩慢上升，城市的輪廓逐漸清晰，紅瓦屋頂讓我想起了布拉格的舊城區，只不過遠方是閃閃發亮的太加斯河。

往觀景台上去，午後的陽光有種酣暢香息，揮灑著恰如其分的溫暖。里斯本位於大西洋沿岸，城市的南面是太加斯河的出海口，北面是辛特拉山，沿著山勢而建的房子尋常低調，與巴塞隆納的特異獨行是兩種截然不同的風格。

從盛世到沒落，從繁華到殘敗，這個僅次於雅典的歐洲古都曾在國際角力爭鬥中

聖胡斯升降梯

城市的景色與太加斯河

掀起滔天巨浪，最終卻黯然跌下歷史舞台，但多舛的命運沒有磨去它眼底的靈光，它在緩慢的復原中修身養息，累積實力。

現今的里斯本是葡萄牙的首都，伊比利半島上最重要的金融中心之一，與波爾圖同為葡萄牙兩大代表性城市。

阿爾法瑪區的頹廢與重生

復古電車的叮叮聲在起霧的清晨裡迴盪，穿過了一條交雜著一條狹窄蜿蜒的街道，天使頹圮的禮拜堂、渾身塗鴉的老城牆，里斯本的面容飽經風霜。我醉心於太陽門廣場（Largo das Portas do Sol）的景色於是在此停留。

太陽門廣場得名於古老的太陽門（Porta do Sol），在一七五五年大地震中毀壞。廣場屬於阿爾法瑪區（Alfama），此處能夠欣賞里斯本東部的景色和太加斯河的美貌，是城市中著名的觀景台。

而阿爾法瑪區源自阿拉伯語的「Al-hamma」，意思為噴泉或浴室，在摩爾人統治期間這裡就是城市的中心。阿爾法瑪區的位置大概是聖喬治城堡（Castelo de São Jorge）與太加斯河之間的山坡地帶。

後來城市的重心漸漸發展到龐巴爾下城區（Baixa），許多居民因而搬離此地，有很長的一段時

里斯本主教座堂與電車

間阿爾法瑪區成了漁民和窮人的居住地……

很幸運的是一七五五年的大地震並沒有摧毀阿爾法瑪區，之後的老房子在政府的幫忙下慢慢翻新，殘破的街道也得以改善，阿爾法瑪區終究以嶄新的老城風貌呈現在世人眼前。

阿爾法瑪區擁有許多迷人的廣場和歷史古蹟，聖喬治城堡和里斯本主教座堂（Sé de Lisboa）也在這裡。

里斯本主教座堂的原址是一座清真寺，當年摩爾人征服葡萄牙後從八世紀至十二世紀時一直統治該地區。一一四七年，葡萄牙國王阿方索一世（Dom Afonso Henriques）收復里斯本便在清真寺的原址上興建了一座主教座堂，這是里斯本最古老的教堂。

昏暗的教堂內

因為經歷多次地震的蹂躪，教堂混合多種風格，例如羅馬式的建築、哥德式的拱頂和玫瑰窗、巴洛克式的大門等，教堂的外觀看起來也像一座堅硬嚴實的堡壘，兩座對稱的塔樓上方像極了防禦性建築的城垛，而中間的鋸齒狀縫隙稱為垛口，能夠架設炮彈或軍事武器，在收復失地運動期間被當成圍攻敵人的基地。

里斯本主教座堂是里斯本的城市象徵之一，經常出現在明信片與旅遊書的封面上。走進教堂，許多神聖的壁畫和雕像被裝飾在中殿和側殿，主教堂的墓室內安置著一些貴族和傳教士的遺骸，但室內昏暗的光線卻讓人有種疏離感。

晨光熹微中的綺麗美夢

——辛特拉

隱藏在山麓中的歷史寶藏：辛特拉

列車在晨光熹微的城鎮中穿梭，偶爾粗曠的低鳴，偶爾悠長的呻吟，往薄霧未散的方向徐徐前進。窗外的陽光還很清淡，小河邊有幾個垂釣的人，蜻蜓飛在水面上。

火車行駛了約莫四十分鐘，在陽光變成豔麗的火紅前抵達了辛特拉（Sintra）。辛特拉距離里斯本約二十八公里，坐落於辛特拉山麓腳下，除了以鬱鬱蔥蔥的山林景色吸引遊人之外更因為羅馬人以及摩爾人先後在此定居，整座城鎮內留下了不少可看的世界遺產。一九九五年時辛特拉城鎮被聯合國教科文組織列入世界文化遺產中。

山巔上的巨龍：摩爾人城堡的歷史與壯美

擠上一台遊客超載的巴士直奔摩爾人城堡（Castelo dos Mouros），這一座城堡由摩爾人建於八世紀至九世紀之間，坐落於辛特拉山山頂，在摩爾人占領伊比利半島期間用來做為防禦以及監察的工事。

一一四七年，阿方索恩里克斯（Dom Afonso Henriques）的軍隊攻占里斯本之後城堡即向軍隊投降；到了十二世紀時，城堡內的教堂成了辛特拉的教區，之後再轉變為猶太人的教堂。十六

摩爾人城堡遺跡

世紀後隨著新教堂的成立以及曼紐爾一世（Manuel I）將猶太人驅離此處，城堡便完全廢棄。

踏上原始的泥土小徑進入城堡的範圍，城堡位於辛特拉——卡斯凱什自然公園（Sintra-Cascais Natural Park）範圍內，這裡氣溫低，植被茂密多樣化，走在萬木蔥蘢的森林之中也彷彿遁入了無邊的綠色海洋。

十九世紀末期，葡萄牙的文化部門開始對當地進行整理以及考察，挖掘出許多遺跡如大型蓄水池、地窖、碉堡等，最特別的是在山徑兩旁還有中世紀墓葬的人類遺骨，這些大致完好的遺骨以透明玻璃罩覆蓋，在千年古樹群中靜靜沉睡。

摩爾人城堡目前僅存城牆的部分被保

遠眺辛特拉王宮

留下來，山壁還能見到城牆遺跡和辛特拉山脈特殊的岩層。傾身向陽的綠樹枝葉婆娑，流露著森林特有的氣味，而被青苔覆蓋的岩石早已在季節嬗遞中失去了自己的顏色。

小心翼翼地踏著步伐沿著山稜線上的城牆行走，碉堡、瞭望台點綴在高聳蜿蜒的城牆邊。其實城堡是一座不規則形狀的軍事前哨基地，長約四百五十公尺，像一條盤踞在山頭的巨龍。建立在花崗岩地質上的城堡被譽為「葡萄牙的萬里長城」，登上最高處的瞭望塔便能遠眺佩納宮和浩瀚的大西洋！

摩爾人城堡屬於防禦性的建築，地勢陡峭之外還有許多不同的路徑，我一邊努力克服著懼高症，一邊膽戰心驚地緩慢攀爬，隨著腳下的辛特拉城鎮越來越清晰，山川風光也跟著慢慢浮現。

終於來到城堡的制高點，葡萄牙的國旗迎風飛揚，不同形狀的雲朵踱步在低空中，烈日下的辛特拉平原顯得懶洋洋。

這座經歷了漫長歲月的歷史遺跡是歐洲唯一一座摩爾人風格的城堡，一九一〇年時列入葡萄牙國家古蹟名冊中，也是辛特拉地區永垂不朽的名勝。

佩納宮：葡萄牙浪漫主義的璀璨結晶

佩納宮（Palacio Nacional da Pen）距離摩爾人城堡僅有五分鐘車程，位於另一座山峰頂端，原始的地點在中世紀是一座由若望二世（João II）建立的聖母小教堂。十六世紀時曼紐爾一世將教堂重建並將它送給聖傑羅姆騎士團，並在不久之後改為石造建築的修道院。

但因其位於陡峭的山頂上，時常遭受雷擊，十八世紀時一場猛烈的雷擊更將它的塔樓、教堂和儲藏室摧毀，再加上一七五五年的里斯本大地震，整座修道院徹底淪為廢墟……

一直到了十九世紀，葡萄牙女王瑪麗亞二世（Maria II）的丈夫——斐迪南二世（Fernando II of Portugal）遊經此地，周遭山脈的景觀和古老修道院的廢墟讓他醉心不已，於是便決定收購修道院以及附近的農場跟森林。他聘請德國籍的建築師來進行修復的工作，欲將此地打造成王室避暑的夏宮。

佩納宮

　　斐迪南二世在修復的細節上加入許多自己的想法，屬於阿拉伯風格的中世紀尖頂與拱門、幾何圖案的西班牙特色瓷磚以及具有宗教意象的圖騰等，融合了哥德式、文藝復興式、摩爾式等風格，佩納宮可以說是斐迪南二世的心血結晶！

　　斐迪南二世去世後，這座宮殿留給了他的第二任妻子，這在當時出現極大的反對聲浪，後來他的遺孀與葡萄牙政府達成協議，由葡萄牙國王路易一世（Luís I）代表國家提出購買建議，只保留一部份做為居住地，城堡自此成為了國家遺產。

　　而後，隨著葡萄牙共和國的建立，宮殿改名為佩納宮，做為博物館外也是葡萄牙總統及政府官員舉行國務活動的地方。

　　我來到了這座色彩大膽的宮殿前，建

立在巨大岩石上的它與摩爾人城堡堅硬單調的樣式呈現出截然不同的對比，拱門、鐘樓、迴廊各有強烈且獨特的設計感。

我緩慢探索著宮殿內的每一處角落，由修道院食堂改成的王室餐廳配有十六世紀的肋狀拱頂；帶有新摩爾圖案彩繪裝飾的主臥室反映出裴迪南二世受到伊斯蘭文化深深的影響；貼滿了磁磚的中庭在時光的沙漏流轉中早已露出斑駁的色彩，牆上栩栩如生的灰泥浮雕卻不曾生鏽。其中的書房、宴會廳更有著眾多的私人收藏品，讓遊客一窺王室生活的面貌。走到可以俯瞰廣闊景色的露臺上，從辛特拉到里斯本，從海洋到山脈，這一片令人陶醉的景色讓許多遊客驚艷不已！

佩納宮被視為葡萄牙浪漫主義的最高代表，這裡也是想像力跟創造力激烈碰撞的場域，在城堡眾多的歐洲裡獨樹一格！

佩納宮不僅是葡萄牙的國家古蹟也是七大奇景之一，並在一九九五年列入聯合國世界文化遺產中。

走向世界的邊緣：羅卡角與大航海時代的遺跡

離開佩納宮後天色逐漸陰沉，雲裡邊和風裡面都有著大雨將至的氣息。搭上前往羅卡角（Cabo

da Roca）的巴士，氣溫變得有點涼。

葡萄牙位於伊比利半島上，國土西部及南部瀕臨大西洋，地處西部的羅卡角在歐洲大陸的最西端，也被認為是世界的盡頭。

巴士靈巧地行駛在辛特拉窄小彎曲的街道，這座被列為世界遺產的小鎮上有眾多歷史久遠的莊園、別墅、城堡，同時也因為這裡的氣候涼爽，空氣清新，許多葡萄牙的國王、貴族都曾來到此地避暑甚至短居。

經過了一個又一個小村莊，路過森林，踏過荒地，辛特拉山脈在身後逐漸遠離，一望無際的原野景觀被雲霧繚繞，四周一片朦朧，下車後才發現微弱的陽光裡飄著看不見的雨絲。

我們順著一條步道往前走，強勁的海風吹得人一陣顫抖，兩旁的土地上都是枯黃的雜草。這裡沒有艷麗的野花，看不見風吹草低見牛羊的景色，曠野上全都是低鳴的嗚咽，那是海的聲音。

羅卡角隸屬於辛特拉——卡斯凱什自然公園，在羅馬人統治時代被稱為馬格努姆海角（Promontorium Magnum），在大航海時代則被稱為里斯本之石（Rock of Lisbon）。根據資料記載，羅卡角在十七世紀時曾有一座要塞，與綿長的海岸線形成一道防衛屏障，保衛著里斯本的安全。

它位於花崗岩和石灰岩組成的海角上，有著狹窄的懸崖和峭壁，和「非洲的好望角」、「南美的合恩角」並稱為世界三大知名海角、全球最值得到訪的五十個景點之一。

羅卡角的地標是一座面向大西洋的十字碑，上頭刻著葡萄牙詩人——路易斯德卡蒙斯（Luís de Camões）的詩句：「Onde a terra acaba e o mar começa」，意為「陸止於此、海始於斯」，同時也將座標北緯三十八點四七度，西經九點三〇度刻在紀念碑上。

一百四十公尺高的懸崖旁有數不清的海鳥在此盤旋，一座從一七七二年開始服役的燈塔至今仍持續運作，這裡是歐洲大陸的終點，卻是大西洋的起點！

我站在羅卡角聽驚濤拍岸，看浪花生滅，無際的蒼穹映襯著大海的蒼茫與遼闊。大西洋在大航海時代扮演著重要的角色，遠征隊行駛在海上時，最後看見的陸地便是羅卡角！

當故鄉的景色逐漸模糊，只能用淚水灌溉乾涸的眼，遮掩思鄉的情緒……

走在起伏的步道上，凌厲的海風呼嘯而過，這是一種震耳欲聾的安靜，彷彿世界只剩下狂妄的寒風與我。

我想起了前幾年在墨爾本的大洋路（Great Ocean Road），一樣的波瀾壯闊，一樣的海角天涯，這些停在記憶底片裡的影像又重新活了過來。

滄海依然是滄海，葡萄牙帝國卻早已改朝換代，那些史詩般的戰績都隨著月升日落長埋於泛黃的段落之中。

羅卡角的紀念碑

羅卡角的景色

情定在藍與白交織的城市

——波爾圖

在晨霧與鐘聲中重拾波爾圖歷史的韻味

清晨的鐘聲穿破晨霧從遠方傳來，我起身走到窗口，對面公園一整排齊高的樹梢構成了這座城市的天際線，夾雜著嫩綠，浮動著暗香，氤氳著濕氣。清淡的月色還在街頭逗留，水銀般澄淨的天空已在灰霧的裂縫中逐漸展開。

對波爾圖（Porto）的第一印象來自報紙副刊上的一篇旅遊文章，蜿蜒壯麗的杜羅河、藍白磁磚點綴的教堂和美酒灌溉而成的風景都讓我嚮往！

波爾圖位於葡萄牙北部，臨著大西洋，是葡萄牙的第一大港口也是第二大城。大航海時代波爾圖成為了造船大港，杜羅河谷兩岸生產的葡萄酒也在此地販售，是葡萄牙北部重要的商業重鎮。

拐過幾個彎，走進幾條巷，和里斯本一樣，波爾圖巷弄兩旁的建築有著明顯的風霜感，老舊得像是祖父祖母的舊皮箱，裝載了許多歲月的痕跡。支離破碎的窗和佈滿灰塵的牆，我與它靜靜相望，這一種人非物非的淒涼在盛夏裡膨脹。

聖本篤車站與藍白磁磚的交響

過了波爾圖市政廳（Câmara Municipal do Porto）後就是熱鬧的商業區了，但我一心只想

鄰近波爾圖市政廳的自由廣場

著那座以藍色瓷磚壁畫聞名的聖本篤車站（Estação de São Bento）！

聖本篤車站的名字源自於十六世紀在此建立的本篤會修道院，十九世紀荒廢之後由國王卡洛斯一世（Carlos I）在一九〇〇年時重新整理，一九一六年完工。車站的外觀並不出色，但內部以兩萬塊的磁磚拼貼成巨幅壁畫，各種風景、人物、故事，每一幅磁磚畫都代表了葡萄牙的歷史，精美而壯觀！

我在車站裡抬頭仰望，光線正巧投射在壁畫上，像一批細緻華麗的藍色綢緞，織進了屬於葡萄牙所有的美！

波爾圖給我的感覺和塞維亞十分神似，色彩斑斕的磁磚都是城市裡最重要的主角，只不過塞維亞的磁磚顏色多變，而波爾

聖本篤車站

聖本篤車站

圖的則以藍白為主色調，更顯得清泊淡雅。

聖伊爾德豐索堂：在萬片瓷磚中展現信仰

隨興地走著，一列遊行隊伍的樂聲夾著熱風斷斷續續穿街而過，一整排連棟老屋吐露著豔夏的溫暖。這是一座悲喜雙棲的城市，有著蒼老的容顏，卻也同時擁有歷久彌新的珍貴文化。

聖伊爾德豐索堂（Igreja de Santo Ildefonso）是一座十八世紀的羅馬天主教堂，供奉著托雷多的主教——聖伊爾德豐索（Ildephonsus of Toledo）。

歷時三十年才完成的教堂屬於巴洛克式的風格，以花崗岩打造而成，左右兩側各有一座鐘樓，正中央的十字架下有一尊守護著天主教的雕像。

據文獻記載，藝術家科拉索（Jorge Colaço）以將近一萬一千片的瓷磚裝飾教堂，描繪了聖伊爾德豐索的生活情景和福音書中的比喻意像。

科拉索是一位著名的葡萄牙畫家，擅長以磁磚（azulejo）作畫，聖本篤車站的磁磚壁畫正是出自他手！

聖伊爾德豐索堂的名氣雖不如阿瑪斯教堂（Capela das Almas）和卡爾莫教堂（Igreja do Carmo），但它在我毫無防備時猛然撞在我心上，留下了一場最美麗的意外。

聖伊爾德豐索堂和電車

不可錯過的法國女郎三明治

每個國家，甚至每座城市都有代表自己的特色美食，波爾圖當然也不例外！我來到了電視節目介紹過的Café Santiago餐廳，準備大啖那令我魂牽夢縈的葡式三明治！

葡式三明治（Francesinha）是一種起源於波爾圖的點心，兩片烘烤過的吐司中間夾著醃漬過的肉片和火腿，外層用無數片的起司層層堆疊，上頭加了生蛋黃再淋上甜甜鹹鹹的醬汁（我覺得醬汁很有台灣的味道，感覺綜合了番茄醬跟豆腐乳的醬汁），最後佐以一大盤薯條當配飾。

這道點心的發明者曾旅居法國並從事

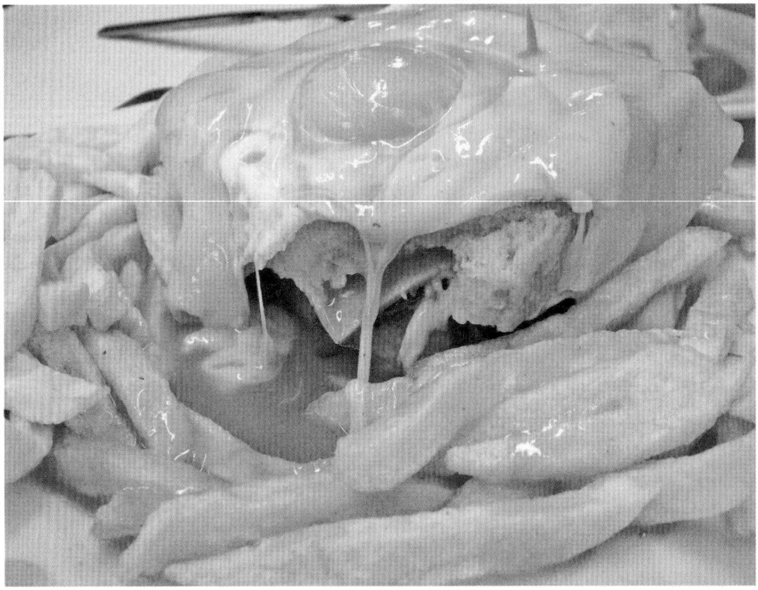

熱量爆表的葡式三明治，等你來挑戰

餐飲業多年，回到葡萄牙後從法式的火腿三明治中生出靈感，使用了多種肉類如燻腸、臘腸、火腿甚至是牛排夾進吐司中，並重新調製出符合葡萄牙人口味的番茄辣醬，他將這道新菜色取名為「francesinha」，意為「法國女郎」。

當然，這道點心的靈魂是醬汁，光是製作醬汁的食材就有蔬菜、水果、牛骨、香料等，而有些廚師更會加入酒類提升香氣，慢慢熬製數個鐘頭才能上桌！

每間餐廳都有屬於自己的祕製食譜，因此無論是配料還是醬汁都是獨一絕對。

我坐在餐廳裡靜待餐點上桌，葡式三明治原本被當作下午茶點心或是宵夜，但隨著受歡迎的程度，逐漸演變成一日三餐都能享用的料理！

濃郁的起司片沾裹著醬汁的光滑，一顆半生熟的蛋黃浮游在上方，而現炸的薯條則稱職的扮演著配角。

切下一刀，將煎得金黃的吐司、火腿片、牛排和半融化的起司一同入口，奶味、肉味以及醬汁的濃烈瞬間如煙花在口中綻開，口感很奇妙，有人將它稱為「溼答答的三明治」或許是因為濕潤的口感！

不過現實總是如此，光看照片就知道熱量爆表的葡式三明治其實不是健康飲食，醃漬的肉排、鹹膩的醬汁和薯條，有營養師算過這樣一份大約有一千八百卡的熱量，幾乎是亞洲女性一天的總攝取量！

於是我跟同伴最後還是沒能將三明治吃完，記憶裡的三明治就讓它相見不如懷念吧。

杜羅河谷的風光與醇香

襯著黏而不膩的陽光踅到杜羅河（Rio Duoro）岸，路易一世大橋（Ponte de D. Luis）的倩影在光裡閃耀著。

杜羅河是伊比利半島上的一條河流，發源於西班牙的索里亞省（Provincia de Soria），總長約八百九十七公里，最後由波爾圖注入大西洋。

路易一世大橋與杜羅河風光

產自於杜羅河河谷的波特酒（Port Wine）在十七世紀時開始出口到歐洲其他國家，而後生產波特酒的杜羅河谷成為世界上最古老且受保護的葡萄酒指定產區。

來到波爾圖，在杜羅河邊品波特酒絕對是旅遊清單之一！

路易一世大橋是杜羅河岸另一道亮麗的風景，這座鐵橋建於一八八一年至一八八八年，橫跨在杜羅河兩岸，連接著波爾圖市區和加亞新城（Vila Nova de Gaia）。大橋的長度約有一百七十二公尺，高約四十五公尺，在當年啟用時是世界第一長的鐵橋！

大橋的下層通道給車輛行駛，上層則運行地鐵，而行人可以從上下層的兩側行走。

杜羅河岸的景色

來到了大橋的上層，那是與地面完全不同的景色，光影下朦朧的河、斑駁的舊城和現代的新城盡現眼底！我凝視著蜿蜒的杜羅河，那裡有被水花折射的彩虹；河水的近處是深綠，遠處為金黃，岸邊有人釣著魚。

咚的一聲，一位跳水者縱身躍入河裡，在河面開出了屬於豔夏的花。

原來青春是一條奔放的河流，一首激昂的樂歌，我像掉入了回憶的漩渦，想起了懵懂的自己。

卡爾莫教堂一米間的故事

今天的天色有點濃，還有點厚，陰天的惆悵讓整個城市彷彿心事重重。走進陰天的老城，古老缺角的石板路、人去樓空的殘

陰天的卡爾莫教堂

破屋舍、斷了翅膀的天使雕像都融在灰色的背景中。

要下不下的雨讓建於十八世紀的卡爾莫教堂（Igreja do Carmo）多了一點憂鬱的氣質，巴洛克式華麗風格的它正面有教堂的守護神——聖安妮（Saint Anne）雕像；而建在屬於騎士團領地的教堂大門兩側壁龕則可以看見兩位先知——以利亞（Elias）和以利沙（Eliseu）。

教堂最美的風景在側面外牆，以巨幅磁磚畫描繪了天主教的相關場景，說是波爾圖最美的教堂也不為過！

來到教堂正面，發現原來教堂是一座三連棟的建築，由右到左分別是卡爾莫教堂、Casa Escondida、加爾莫羅會教堂。

其中最有趣的是又名為窄房子

教堂內部金光燦爛

（Hidden House）的Casa Escondida，當初建造的目的是了避免卡爾莫教堂的僧侶和加爾莫羅會教堂的修女因共用一道牆而有所接觸。這棟建築的寬度只有一米寬，被認為是波爾圖，甚至是葡萄牙最窄的房子！

但實際上是因為當時不允許兩座教堂同時存在而建。

教堂內部的鍍金聖壇、雕刻和油畫都引人駐足，但摩肩接踵的觀光客卻讓教堂顯得擁擠……

停留在獅子噴泉（Fonte dos Leões）凝望著卡爾莫教堂，時間像貓足，溫柔卻帶著力道將日子一頁一頁翻篇，然而歲月的年輪沒有帶走教堂的風采，隨著四季的節拍譜出悠揚雋永的樂曲。

萊羅書店與旋轉樓梯

萊羅書店的細緻雕花與彩光祕境

有葡萄牙「最美書店」之稱的萊羅書店（Livraria Lello）與卡爾莫教堂相隔不遠，它的前身是一間創立於一八六九年的國際圖書館，後來輾轉賣給了José Lello和他的弟弟經營，並在一九一九年時改名為Livraria Lello e Irmão。

萊羅書店至今已有百年歷史，屬於新哥德式的風格，曾被全球最權威的旅遊雜誌《孤獨星球》（*Lonely Planet*）選為全世界第三美的書店，同時也是葡萄牙最古老的書店！

我們在書店還未營業前就來到門口排隊，擺脫了眾多觀光客後進入了J・K羅琳

書店二樓一景

也曾流連的書店。

在充滿古典風格的走道兩旁，舊式的書櫃上滿是書籍，然而有著細緻雕花的天花板卻吸引了我所有注意！根據萊羅書店的介紹，這是一種由石膏粉刷技術創造的作品！

通往二樓的古典樓梯是書店內的一大亮點，仿古典宮廷式的設計從兩旁蜿蜒而上，特殊的曲線搭配著簡單典雅的雕刻呈現出優雅的姿態。不僅如此，來到二樓更讓人為之驚艷，彩繪玻璃和五彩天窗都讓室內瀰漫著一股目眩神迷的氛圍，柔和的光線流著像蜜一樣的色澤，榮登最美書店當之無愧！

大快朵頤葡式料理

大航海時代的味蕾遺產：霹靂辣椒與馬介休的美味交響

葡萄牙的特色美食很多，除了蛋塔、溼答答三明治、豬扒包、葡式海鮮燉飯外，葡式烤雞也是經典之一！

葡式烤雞（Frango assado／frango de churrasco）和我們一般印象中多汁的口感不一樣，乾而略焦是它的特色，並以一種名為霹靂辣醬（Peri Peri Sauce）的醬汁做搭配。

其實這道料理最早源於非洲，「Piri Piri」是非洲的雀眼辣椒（African Bird's Eye Chilli），外觀短小但辣度極高，中文將它翻譯為「霹靂辣椒」，據說吃了會讓人有割舌的衝動?!

傳聞在大航海時期，葡萄牙的船隊在非洲的莫三比克發現這種辣椒並帶回葡萄牙加入料理中做變化。

而葡式烤雞正是淋上了霹靂辣椒、洋蔥、蒜頭、油、鹽和其他調味料混合而成的醬汁來提味，讓原本平凡無奇的烤雞多了另一種刺激食慾的香氣。

大航海時代不僅開啟了商業貿易往來，在人口移動、飲食習慣、物種交流上也有極大的影響，辣椒即是一例！

另一道美食則是馬介休魚球。

馬介休（Bacalhau）由乾燥過的鱈魚醃漬而成，之後加入馬鈴薯泥、洋蔥、羅勒葉以及辛香料和橄欖油，裹上蛋液再油炸後的美食，除了葡萄牙本地外，澳門跟香港以及說葡語的非洲國家也能吃到這道特色菜！

在葡萄牙，以馬介休為料理的食譜多達一千種以上，蒸、烤、炸、燉、炒等花樣百變。葡萄牙人甚至自豪可以在一年三百六十五天內天天變化出不同的馬介休吃法！

此外，對天主教徒而言，馬介休也是齋戒期間替代肉類的食品，為教徒們不可多得的珍貴佳餚！

我們在服務生的推薦下點了炸馬介休、葡式烤雞與油漬沙拉，在一個香氣四溢的午後，窗外有教堂的輪廓。

黃昏的教士塔

炸馬介休

波爾圖大教堂

融合多元風格的大教堂：靜謐優雅中的時光遺珠

由陰轉晴的波爾圖不熱不燥，陽光很足，心情正好。

立於丘陵上的波爾圖大教堂（Sé do Porto）約建於十二世紀，由西哥特人的城堡改建而來，是城市裡最古老，也是最重要的羅馬式古蹟之一。

歷經多次改建的教堂融合了多種風格，華麗的玫瑰窗和祭壇屬於巴洛克式晚期；優雅的迴廊源自哥德式，而狹窄的中殿則為羅馬式。

在有著眾多出色教堂的波爾圖裡，大教堂並不十分引人注目！細看教堂的外觀，除了兩側各有一座塔樓之外，正面幾乎沒有

俯瞰城市的景色與教士塔

任何裝飾，跌宕磊落的線條襯托著它的剛硬決絕。

教堂內最美的地方是哥德式的迴廊，波爾圖的經典藍白花磚又再一次整裝上陣，舊式的優雅在寧靜中無聲綻放，沒什麼遊人的大教堂像是真空裡的世界。這股樸素清淡的風格其實與里斯本大教堂頗為相似，用淡定從容的姿態抵抗歲月的洪流，守護著一座城，和人。

因位於Terreiro da Se山丘之上，教堂前的廣場也是一處視野良好的觀景台，教士塔、杜羅河、路易一世大橋的美景讓人震撼，也讓人沉醉！對比城市裡的燈紅酒綠、閃爍霓虹，這裡卻讓人更想停留回味。

我看著路易一世大橋弧狀的銀色橋身在濛濛的背景裡破繭而出，河裡有一片燦爛

波爾圖最美的藍白磁磚教堂

金光，笑容印在每一張臉龐。

青花瓷般的夢境：阿瑪斯教堂的藝術與時光之美

終於，來到了波爾圖我最期待的景點，也是旅人們口中那座代表著波爾圖的藍白磁磚教堂——阿瑪斯教堂（Capela das Almas）！

在啟程之前，許多網路上的文章都說雖然波爾圖的磁磚教堂眾多，但沒有一個能與阿瑪斯教堂相比擬，幾乎可以說是葡萄牙磁磚藝術的顛峰之作！

我抱著雀躍的心情終於來到它的面前，又稱為聖靈教堂的它位在波爾圖熱鬧的市中心，一整面類青花瓷的牆面讓所有行人都為它駐足流連。

阿瑪斯教堂建於十八世紀，教堂的正面有山形牆的裝飾，左側是一座兩層樓高的鐘樓。

一九二九年之前，教堂的外觀都僅用白漆粉飾，而後由葡萄牙的畫家與陶藝家——愛德華萊特（Eduardo Leite）重新設計繪製，他利用了葡萄牙經典的阿蘇萊霍（Azulejos）藍白磁磚來為教堂創作，描繪了諸位聖人的生平事蹟，分別是「The Death of St.Francis of Assisi」、「The Saint in the presence of Pope Honorious III」和「The Martyrdom of St. Catherine」。阿瑪斯教堂使用了約一萬六千塊的磁磚，將近百年的歲月色彩依然鮮明。

我一直以為藍與白屬於聖托里尼，屬於大自然，但當我來到葡萄牙時才發現原來人間最美的景緻可以被創造、被組合、被無限延伸為單純卻不單調的藝術作品。

午後時分陽光暖暖，百年教堂紋路宛然，我站在對街與之相望，人潮成為了一道陪襯教堂的風景線，也囊括了所有旅程裡的美不勝收！

紫色夜幕下的波爾圖

紫色的向晚讓這座城市顯得奇幻迷人，當夜色抹去了殘陽的餘暉，波爾圖似乎換上了另一種面貌。

杜羅河的夜景

乘著晚風再次來到杜羅河邊，河水已呈濃黑色，河岸邊的餐廳燈火款擺，與朦朧的月色相對映。站在路易一世大橋上看五光十色的城市燈火裱褙著蜿蜒的河，地上街燈閃爍，星光流動在緩慢的河裡。

波爾圖的美不具有侵略性，但卻在心裡狠狠扎根，從此寄居在儲存記憶的海馬迴。

國家圖書館出版品預行編目資料

地中海慢旅人：走入葡、西、義、法與摩納哥，品味千年交織的古老風情與迷人海岸／克萊妮（Kliney）著. -- 初版. -- 臺北市：臺灣東販，2025.02
250面；14.7×21公分
ISBN 978-626-379-742-0（平裝）

1.CST：遊記 2.CST：世界地理 3.CST： 歐洲

740.9 113019674

地中海慢旅人

走入葡、西、義、法與摩納哥，品味千年交織的古老風情與迷人海岸

2025年2月1日初版第一刷發行

作　　者　克萊妮（Kliney）
編　　輯　王靖婷
特約設計　Miles
發 行 人　若森稔雄
發 行 所　台灣東販股份有限公司
　　　　　＜地址＞台北市南京東路4段130號2F-1
　　　　　＜電話＞（02）2577-8878
　　　　　＜傳真＞（02）2577-8896
　　　　　＜網址＞https：//www.tohan.com.tw
郵撥帳號　1405049-4
法律顧問　蕭雄淋律師
總 經 銷　聯合發行股份有限公司
　　　　　＜電話＞（02）2917-8022

TOHAN